멍이가
임신을
했어요

서울대학교동물병원 Health+2

멍이가 임신을 했어요

임신과 출산

초판 1쇄 인쇄 2017년 12월 25일
초판 1쇄 발행 2017년 12월 30일

지은이 장구
펴낸이 성낙인
펴낸곳 서울대학교출판문화원

출판등록 제15-3호

주소 08826 서울 관악구 관악로 1
대표전화 02-880-5252 | 팩스 02-888-8148
홍보마케팅팀(주문 상담) 02-889-4424, 02-880-7995
이메일 snubook@snu.ac.kr
홈페이지 www.snupress.com

ISBN 978-89-521-2005-2 14490
978-89-521-1973-5 (세트)

서울대학교
동물병원
Health+2

멍이가 임신을 했어요

장구 서울대학교 수의과대학 교수

임신과
출산

서울대학교출판문화원

발간사

1인 가구의 급증 및 저출산·고령화 현상과 더불어 반려동물과 함께 사는 가정이 나날이 증가하고 있습니다. 한국보건사회연구원의 통계에 의하면, 한국의 경우 반려동물과 함께 사는 가구는 4가구 중 1가구에 달한다고 합니다. 반려동물과 함께 살아가는 인구가 천만이 넘는 시대가 된 것입니다.

반려동물이 우리 생활권 안에 깊숙이 들어온 만큼 이에 대한 정보 또한 넘쳐나도록 풍부해졌습니다. 그러나 그만큼 잘못된 정보들이 인터넷과 오프라인 공간을 무차별적으로 넘나들고 있는 실정입니다. 서울대학교동물병원 Health⁺ 시리즈는 이러한 상황에서 반려동물의 건강 및 질병, 올바른 관리법 등에 대한 표준화된 정보를 제공하고자 기획·발간되었습니다.

서울대학교동물병원 Health⁺ 시리즈는 무엇보다 정확한 근거를 둔 의학 정보를 제시하는 데 중점을 두었습니다. 이를 위해 서울대학교동물병원 교수진이 직접 전공 진료과별로 다양하게 검증된 의학 정보를 선별하여 수록하였습니다. 뿐만 아니라 다양한 사례와 사진, 그림 자료를 수록하여 자칫 딱딱

하고 어렵게 느껴질 수 있는 전문 지식을 최대한 쉽게 전달하려고 노력하였습니다. 각 권 말미의 Q&A에서는 반려동물과 함께하며 겪을 수 있는 문제들과 그 해법을 실었습니다.

반려동물의 행복은 반려동물과 함께 사는 사람의 행복과 깊은 관련이 있습니다. 서울대학교동물병원 Health⁺ 시리즈가 반려동물의 건강에 기여하고, 나아가 반려동물과 함께 살아가는 여러분의 행복에 보탬이 되기를 바랍니다.

끝으로 이 책이 출판되기까지 오랜 기간 동안 애써 주신 서울대학교동물병원의 서강문 전임 원장님과 집필 교수진, 그리고 서울대학교출판문화원 관계자 여러분께 감사의 말씀을 드립니다. 이 시리즈의 발간으로 '동물과 사람의 행복 나눔'이라는 서울대학교동물병원의 꿈에 한 발짝 더 나아갈 수 있게 되기를 기대합니다.

2017년 8월

서울대학교동물병원장 윤정희

차례

01 멍이가 임신할 준비가 되었는지 어떻게 알 수 있나요? 8

Doctor's Memo 반려견의 생식 기관과 조심해야 할 생식기 질환 21

02 짝짓기 신랑감, 신붓감은 어떻게 찾아야 하나요? 26

Doctor's Memo 개에게도 배란 테스트기가 있나요? 35

03 임신한 멍이, 어떻게 보살펴야 하나요? 38

Doctor's Memo 개도 사람처럼 폐경기가 있나요? 47

04 멍이가 출산이 임박했어요. 무엇을 준비해야 하나요? 50

Doctor's Memo 반려인이 알아야 할 분만 상식 66

05 멍이의 산후조리, 어떻게 해줘야 하나요? 68

Doctor's Memo 무유증과 울유증 비교 82

06 갓 태어난 새끼들은 어떻게 관리하나요? 84

Doctor's Memo 쇠약자견 증후군(새끼의 이상 징후) 99

07 멍이도 상상임신을 할 수 있나요? 102

Doctor's Memo 산후우울증 증상과 극복 방법 108

08 중성화 수술을 해야 하나요? 110

09 Q&A 반려견의 임신과 출산에 대한 궁금증 22가지 120

01

멍이가 임신할 준비가 되었는지 어떻게 알 수 있나요?

개의 짝짓기 시기는 보통 생후 1년,
한두 번의 생리 이후에 하는 게 좋다고 알려져 있다.
생리를 시작하고 약 10일 뒤가 임신 가능 기간이며,
짝짓기(수정) 이후 약 60일 지난 다음에 출산을 하게 된다.

임신이 가능한 시기

포유동물이 임신을 하려면 생식 기관의 성숙이 이루어져야 하는데, 그 기간을 성 성숙이라고 한다. 반려견의 성 성숙 기간은 암컷의 경우 평균 6~10개월령 이후부터 가능하다고 알려져 있다.

하지만 요크셔테리어, 몰티즈, 치와와 등과 같이 작은 견종은 대형 견종보다 성 성숙이 빠른 반면, 대형 견종에서는 가끔 1년이 지나도 성 성숙에 도달하지 않는 경우가 있다. 2년까지 기다려보고 첫 번째 발정 증상이 오지 않는다면 그 경우는 불임일 가능

성이 높다. 또한 같은 품종에서도 순종보다는 잡종에서 성 성숙이 빨리 이루어진다고 알려져 있다.

발정 주기

암컷의 발정 주기

암컷은 생후 8~12개월 사이에 첫 발정을 한다. 첫 발정 이후 2년에 약 3회, 즉 5~8개월마다 발정이 일어난다. 발정 주기는 '발정 전기(출혈기) - 교배기(수정기) - 임신기/비임신기 - 무발정기'로 구분된다. 개에서 가장 중요한 것이 이 발정 주기를 이해하는 것이라고 할 수 있다.

발정 전기(출혈기) 출혈기 5일 전부터 2~3주의 기간으로 불

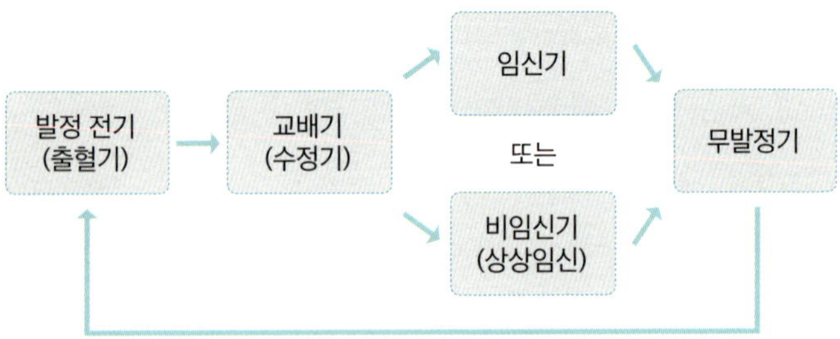

안해하고 잘 먹지 않는다. 외부 생식기가 눈에 띄게 부풀어 오른 모습을 특징적으로 볼 수 있으며, 대부분의 암컷에서는 출혈이 관찰된다. 심한 출혈을 보이는 경우도 있지만, 평균적으로 일주일 이내에 출혈은 멈춘다.

교배기(수정기) 수컷을 허용하는 시기로 이때가 바로 배란기이다. 출혈기로부터 약 11~15일 되는 시기이다.

임신기 임신이 된 경우에는 약 60일의 임신 기간을 거쳐 출산을 하게 된다.

비임신기(상상임신) 임신이 되지 않았을 경우에 이 기간을 상상임신 기간이라고 한다. 임신이 되지 않았지만 임신 호르몬을 검사하면 임신한 것과 거의 차이가 없고, 심한 경우는 외형적으로 임신한 것처럼 유선이 발달하고 초유가 나오는 경우도 있다.

무발정기 출산을 하거나 혹은 상상임신이 끝나면 무발정기가 되는데, 생리적으로 난소의 기능이 정지된다. 이 기간은 약 3~4개월 지속된다.

발정기 때 중성화 수술?

발정기에는 자궁은 물론이고 체내의 모든 혈관이 매우 팽창되어 있는 상태이므로 중성화 수술을 할 때에는 좀 더 신중해야 한다. 또한 수술이 안전하게 끝났다고 해도 1~2일 정도는 입원한 상태에서 경과를 지켜보는 것이 좋다. 따라서 발정기 때의 중성화 수술은 피하고, 필요한 경우 수의사와 충분히 상의한 후에 수술을 결정하는 것이 좋다.

수컷의 발정

일반적으로 '발정'이란 암컷이 성욕을 일으키는 것을 말하며, 수컷의 경우 특별히 발정기가 있는 것은 아니라 암컷의 상태에 따라 일 년 내내 짝짓기가 가능하다. 약 7~8개월이 지난 수컷은 틈만 나면 직계가족 간이라도 교배를 할 수 있으므로 주의해야 한다.

수컷을 선정할 때에는 다음 사항을 고려할 것을 권장한다.

- 수컷의 유전적인 특성을 살펴본다.
- 암컷과 공통된 장점을 가졌다면 좋은 조건이며, 공통된 결점은 없는 것이 좋다.
- 해당 견 특유의 장점이 두드러지고 암컷의 결점을 보완할 수 있는 수컷이 좋다.
- 몸이 건강하고 활력이 왕성하며 밝고 명랑한 성격이 좋다.

| 수컷을 위한 벨리밴드(Belly Band)
벨리밴드는 수컷이 마킹하는 것으로부터 지켜주는 훈련 도구이다. 암컷이 발정 중일 때 마킹을 중단시키는 데 도움이 된다.

임신 기간

임신 기간은 배란일 기준으로 평균 63±1일 정도이다. 그러나 이는 평균치로, 임신한 새끼 수가 많을 경우 출산일이 빨라지기도 하고 새끼가 한 마리일 경우에는 출산일이 조금 늦어질 수도 있다. 너무 늦어질 경우 거대 태아나 난산의 위험이 발생할 수도 있기 때문에 동물병원에 방문하는 것이 좋다.

참고로 고양이의 임신 기간은 대략 64~68일, 돼지는 114일, 소는 280일, 말은 330일, 사람은 40주(배란일로부터는 38주)이다.

임신 기간별 특징

임신 기간에 따라 조산과 만산의 경우로 특징지을 수 있다.

조산 짝짓기 후 60일 이전에 출산한 경우를 말한다. 예정일로부터 하루 이틀 정도의 차이는 새끼를 건강하게 순산하면 문제가 되지 않지만, 이보다 더 빨리 출산하면 정상적인 기관 형성이 이루어지지 않아 위험할 수 있다.

만산 짝짓기 후 65일이 지나도 분만의 기미가 보이지 않을 경우에는 태내에서 새끼가 너무 커져 난산할 우려가 있으므로 동물병원에 데려가야 한다. 병원에 가서 태아가 살아 있는지 확인하고, 자연분만 및 수술에 대한 상담을 받는다.

임신했을 때 나타나는 증상

반려견의 임신 기간은 두 달 정도로 짧지만 사람과 마찬가지로 준비가 중요하기 때문에, 임신했을 때부터 출산 때까지 반려인이 꼼꼼히 관리해 주어야 한다.

임신을 한 경우에는 짝짓기를 하고 약 1주 후부터 외부 생식기에서 소량의 점액이 배출되기 시작한다. 3~4주경이 되면 유두가 핑크색으로 변하고 유선이 점점 발달해서 장액성 액체가 분비되기도 한다. 하지만 이러한 변화는 새끼 수가 적을 경우에는 뚜렷하지 않을 수도 있다. 체중은 약 35일부터 증가하며, 40일경에는 배가 불러온다. 분만하기 일주일 전부터는 유두에서 초유가 나오기 시작한다. 임신 후반기부터는 사료 섭취량이 약 50% 증가한다.

시기별 임신의 증상 및 진단

짝짓기 직후	체중을 측정한다. 이후 체중 변화에 따라 진짜 임신인지 상상임신인지 판단할 수 있다.
임신 1~2주	점액성의 유백색 분비물을 발견할 수 있다. 입덧이 시작되어 2주쯤엔 입맛을 잃고 가끔 구토 증상도 보일 수 있다.
임신 3~4주	유두가 핑크빛으로 변하고 유선에 응어리가 생긴다. 초산일 경우 증상이 더욱 뚜렷하다. 드물게 구역질, 식욕부진과 같은 입덧 증상을 보이는 경우도 있다.
임신 5주	배가 조금씩 불러오며 동시에 눈에 띄게 체중이 증가한다. 태아가 급속히 자라므로 음식물의 양과 질을 증가시켜 준다.
임신 6주	배가 불러오므로 단백질 위주로 먹이를 자주 준다. 분만 장소를 정해 적응하게 해준다.
임신 8주	행동이 느려지고 대소변을 자주 보며 자기 집에서 잘 안 나오려고 한다. 자궁이 커져 위가 압박을 받기 때문에 잘 먹지 못한다. 배에 손을 대면 새끼가 움직이는 것을 느낄 수 있다.

반려견의 생식 기관과 조심해야 할 생식기 질환

Doctor's Memo

반려견의 생식 기관

반려견의 생식 기관은 암컷과 수컷 모두 사람과는 다른 해부학적·생리학적 특징이 있다. 암컷의 생식기에는 난소, 자궁, 질, 그리고 부생식기인 유선이 있고, 수컷의 생식기에는 고환과 음경, 그리고 부생식기인 전립선이 있다.

모든 포유동물과 마찬가지로 반려견에게도 2개의 난소와 정소가 있다. 정소에서 나온 정자는 교배를 통해 암컷의 자궁으로 들어가 난관에서 수정을 하며, 난관에서 수정된 배아는 2~5회의 세포 분열을 거쳐 자궁으로 들어가 착상을 하게 된다. 사람은 여성의 경우 자궁체에 바로 나팔관이 연결되어 있는 반면, 반려견의 암컷은 자궁체에 자궁각이 오른쪽 왼쪽으로 길게 연결되고 자궁각의 끝이 나팔관과 연결되어 있다. 수컷의 경우 사람과 달리 음경에 뼈가 있다.

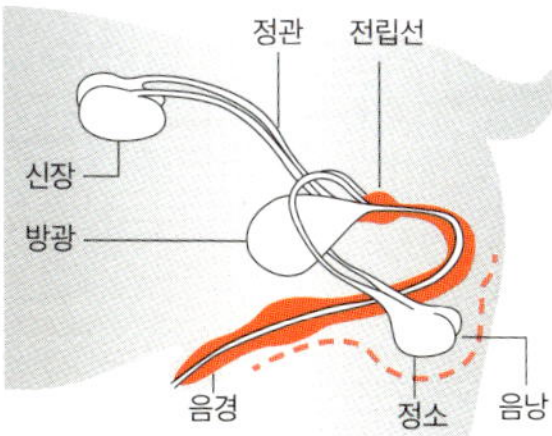

수컷

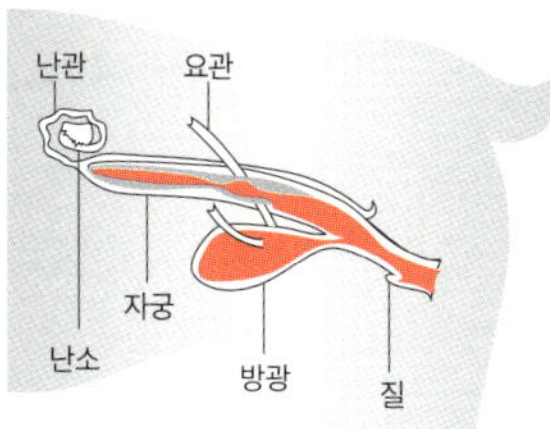

암컷

사람의 경우 남성 몸에서 나온 정자는 여성의 생식 기관에서 평균 1~2일 생존한다고 알려져 있다. 하지만 개의 정자는 생존 기간이 사람에 비해 4~5일 이상 길어서 일주일 정도 생존할 수 있다는 특징이 있다.

임신이 가능한 성숙한 난자가 난소 표면으로 오는 현상을 배란이라고 하는데, 사람의 경우 생리 주기가 28일이라면 배란일은 다음 생리 예정일로부터 14일 전으로 보통 배란일 전후 3~4일이 가임기이다. 그러나 개의 경우 평균 6개월(5~8개월)에 한 번씩 배란이 되며 임신 기간이 짧기 때문에 1년에 1회 혹은 2회까지 임신이 가능하다.

대부분의 포유동물은 난소의 난포에서 난자가 제1차 감수분열(2~3일)을 거쳐 배란이 되어 나팔관으로 들어가 외부에서 들어온 정자와 바로 수정을 한다. 배란이 된 난자가 수정을 하지 못하면 난자는 평균 1일이 지나면 죽게 된다. 하지만 개과 동물(늑대 포함)은 난자가 제1차 감수분열 이전 배란이 되어 나팔관에서 제1차 감수분열을 거친 상태로 배란이 되기 때문에 나팔관에서 2~3일을 더 생존하면서 정자와 수정을 한다. 따라서 다른 포유동물과는 달리 개의 경우 난자의 나팔관 내에서 2~3일 더 길게 생존할 수 있다.

조심해야 할 생식기 질환

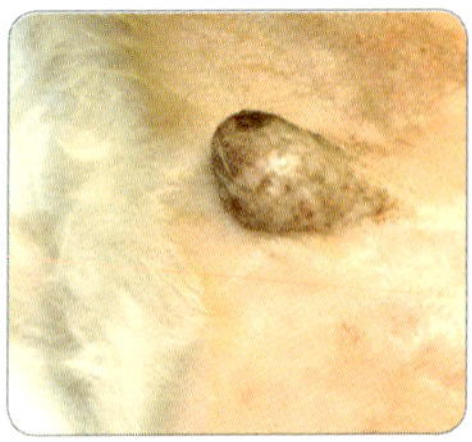

▶ **편고환**: 수컷의 경우 고환이 복강 안에서 밑으로 내려오지 않는 경우가 있다. 두 쪽 다 안 내려오면 생식에 문제가 되지만, 한 쪽만 안 내려오는 편고환의 경우 생식 능력에는 문제가 없다. 필요한 경우에는 성장기

에 호르몬 주사로 음낭 안에 고정시킬 수 있으며, 성견이 되기 전에 수술적으로 교정해줄 수 있다. 그러나 편고환은 유전성이 강하기 때문에 생식 능력에 문제가 없더라도 번식시키지 않는 것이 좋다.

▶ **자궁감염**(자궁축농증/자궁내막염): 암컷의 생식기는 구조상 외부로부터 균이 침투하기 쉬운데, 감염이 생기면 비정상적인 분비물이 증가하고 나아가 농이 형성되어 나오며, 자궁축농증과 자궁내막염이 많이 발생한다. 자궁에 고름이 차면 배가 불러와 흔히 임신이나 살찐 것으로 오해하기 쉽다. 심하면 사망하기도 하기 때문에, 이상한 분비물을 보이거나 갑자기 배가 불러오면 동물병원을 방문하여 진찰을 받는 것이 좋다. 자궁감염이 심하면 신속히 자궁난소 적출술을 해야 하며, 예방을 위해서 미리 중성화 수술을 해주는 것도 방법이다.

02

짝짓기 신랑감, 신붓감은 어떻게 찾아야 하나요?

발정이 왔다고 무조건 짝짓기를 해서는 곤란하며,
건강한 2세를 위해서는 수의사 등 전문가와 상담을 해야 한다.
첫 발정 때도 짝짓기는 가능하지만,
일반적으로 두 번째 발정 이후 첫 짝짓기를 시켜야 한다고 알려져 있다.

짝짓기는 언제가 좋을까?

견종에 따라 첫 발정 시기는 다양하지만 짝짓기에 적합한 나이는 약 2~6세이다. 대략 10~12개월령에 첫 발정이 시작되고 5세 이후에는 감소하기 시작해서 8세 이후에는 급격히 떨어지기 때문에, 사실상 짝짓기를 권장하는 시기는 3~5세이다.

간혹 8세 이후에 새끼를 낳는 경우도 있긴 하지만, 발정 주기의 변화가 심하고 태어나는 새끼의 수가 감소하게 된다. 새끼의 선천적인 기형과 조기 폐사율, 난산의 위험도가 올라가기 때문에 노산은 가능

하면 피하는 것이 좋다. 자료에 의하면 9~17세의 노령견에 있어서 약 66%가 자궁에 병리학적인 소견이 있다고 보고되고 있다.

짝짓기 시기가 되면 나타나는 증상

대형견의 경우 2년령 때 첫 발정이 나타날 수 있는 반면, 몰티즈 같은 소형견은 대략 10개월령부터 발정이 시작된다. 암컷의 경우 생식기 부위를 자꾸 핥거나 붉게 부어오른 모습을 볼 수 있고 생리혈을 관찰할 수 있게 된다. 생리혈은 약 일주일간은 선혈에 가까운 형태를 나타내다가, 이후 점차 줄어들면서 색이 투명해진다.

생리혈을 보이지 않더라도 발정기를 확인할 수 있는 있는 증상들은 여러 가지가 있다. 갑자기 성격에 변화가 생기거나 식욕부진을 보일 경우, 외부 생식기가 평소에 비해 붓지는 않았는지, 회음부를 자극했을 때 꼬리를 옆으로 치우거나 등을 낮추고 수컷의 접근을 허용하는지 등을 살펴보아야 한다. 추가로 질 상피세포 도말검사, 호르몬 검사, 내시경 검사 등을 통해서 발정 여부를 판별할 수 있다.

일주일에 2회 정도는 반려견의 행동과 외음부를 관찰하고, 일주일에 1회는 질 도말검사를 하는 것이 발정 전기와 발정기를 확인하는 데 유용하다.

짝짓기 전 준비 사항

짝짓기를 계획하고 있다면, 발정기가 시작되기 전에 미리 기생충 구제와 예방 접종을 한다. 기생충은 태반을 통해서도 감염될 수 있으므로 건강한 새끼를 얻기 위해서는 필수적인 과정이다.

동물병원에서 배란 관련 호르몬 검사와 현미경 검사를 통해 짝짓기에 가장 적당한 시기를 알아볼 수 있다. 짝짓기 시기는 보통 출혈이 시작된 날부터 11~15일 사이가 적당하다. 현미경으로 질 분비물과 질 세포를 검사하고 외음부를 관찰하여 짝짓기 시기를 잡은 후 짝짓기를 시키면 임신 성공률이 80% 이상으로 높아진다.

출혈 시작 7일부터 이틀 간격으로 2~3회 동물병원에서 배란 호르몬 검사를 받은 후 짝짓기를 시키는 것이 가장 정확하고 추천되는 방법이다.

짝짓기 방법

① 수컷 정하기

짝짓기에 앞서 먼저 짝짓기할 수컷을 정한다. 혈통을 선택하는 데 있어 해당 견 특유의 장점이 두드러지고 암컷의 결점을 보완할 수 있을 만한 수컷이라면 이상적이다. 혈통 좋은 자손을 얻기 위해 지나친 근친 교배를 하는 경우에는 선천적 질환 및 슬개골 탈구, 고관절 질환 등의 유전병들이 발생할 수 있으니, 이런 점을 충분히 고려해야 한다.

② 프러포즈 하기

짝짓기 신청은 암컷 쪽에서 해야 한다. 시기는 발정 출혈이 시작된 뒤 11~15일 사이가 적당하다. 짝짓기 일정을 잡기 어렵다면 동물병원에서 배란 검사를 하고 교배 일자나 재교배 방법 등을 결정한다.

③ 짝짓기하기

짝짓기는 책임 교배를 필수 조건으로 하고 있으며, 2~3회 짝짓기를 시켜주는 것이 기본이다. 교배료는 혈통에 따라 크게 달라지며, 외국의 경우 임신하여 자견을 출산한 후에

지불하는 것이 대부분이지만, 우리나라의 경우 선지불 방식이다. 때때로 암컷이 수컷을 거부하는 수도 있는데, 그럴 때에는 다시 시기를 기다려야 한다.

짝짓기 시 매너

- 짝짓기는 보통 수컷 집에서 이루어진다.
- 종합 백신 예방주사를 미리 맞춰준다.
- 기생충, 진드기 등이 있는지 사전에 확인하고 구제를 해준다.
- 털이 긴 견종은 항문과 음부 주변의 털을 깨끗이 잘라준다.
- 짝짓기 전에 대변이나 소변을 해결한다.

짝짓기 후 주의 사항

짝짓기 이후에는 임신가능성이 있기 때문에 평소보다 더욱 주의를 기울여야 한다. 임신을 했다 하더라도 유산을 하는 경우가 종종 있기 때문이다.

다음은 짝짓기 이후 주의해야 할 사항이다.

- 스트레스는 모든 임산부의 적이다. 스트레스를 받지 않도록 배려해준다.

- 계단이나 문턱을 주의한다. 가벼운 산책은 하되 무리한 운동은 하지 않는다.
- 목욕은 안정기에 접어든 열흘 후쯤 해주는 것이 좋다. 스트레스를 받을 수 있으니 자주 씻기는 것을 삼가며, 전신을 욕조에 담그지 말고 자궁에 물이 안 들어가게 흐르는 물에 가볍게 씻겨준다. 배를 압박하지 않도록 주의한다.
- 단백질 함량이 높은 영양가 있는 사료를 준다. 임신했을 때에는 단백질 식품을 많이 주되, 화학 약품에 매우 민감하므로 구충제 등 약품을 투여하지 않는다.

임신 여부 확인하기

정확한 임신 여부는 짝짓기 후 30일경에 초음파 검사로 자궁 안에 자리 잡은 아기집을 관찰함으로써 알 수 있다. 외형적으로도 약 3~4주가 지나면 유두 주변의 털이 옅어지고 유두가 핑크색으로 변하며, 그 후 유방이 부풀고 배가 불러오는 것을 확인할 수 있다. 약 40일 이후에는 X-ray 검사를 통해 새끼의 골격을 확인함으로써 정확한 새끼 수를 파악할 수 있다.

개에게도 배란 테스트기가 있나요?

사람의 경우 임신 확률을 높이기 위해 배란을 예측하는 배란 테스트기를 활용한다. 사람에서는 오줌에서 황체형성호르몬(LH)을 측정하는 방식인데, 개의 경우에는 황체형성호르몬을 활용한 배란 테스트기가 현재 상용화되어 있지 않다. 다만, 배란되는 기전이 사람과 달라 황체호르몬(프로게스테론)을 측정하여 배란을 예측할 수 있다.

개의 황체호르몬의 농도는 사람처럼 테스트기를 활용하여 측정하기 어렵기 때문에 혈액으로 검사하는 것이 정확하다. 정확한 배란 검사를 함으로써 임신 확률을 높일 수 있으며, 또한 수컷에 민감한 암컷에게 적용하면 효과적으로 이용할 수 있다. 검사 결과 수치가 4~8로 관찰되면 배란이 되었다고 볼 수 있다.

03

임신한 멍이,
어떻게 보살펴야 하나요?

짝짓기 이후 수정이 된 난자가
자궁 안 적당한 곳에 들어앉는 것을 착상이라고 하는데,
배란에서 착상까지는 약 2주가 걸린다.
이 기간 동안에는 계단을 뛰어오르거나 뛰어내리는 등의 심한 운동은 삼가야 한다.

임신 기간 중 관리

임신 기간 중 약물을 투여할 경우에는 태아에게 영향이 가거나 심하면 유산을 일으킬 수도 있으므로 백신 접종이나 불필요한 약은 삼가고, 필요할 경우 수의사와 상담을 하는 것이 좋다.

유산은 아주 쉽게 일어날 수 있으므로 항상 주의해야 한다. 음식과 물, 다른 동물과의 접촉, 스트레스, 설사나 감기 증상, 다소 높은 열, 구토 등을 항상 조심한다.

임신 1개월 후부터는 규칙적으로 운동을 하게 하는 것이 순산에 도움이 되지만, 높은 곳에서 뛰어내리거나 배를 압박하는 격렬한 운동은 삼가고 휴식을 충분히 취할 수 있도록 해야 한다. 적당한 운동은 근육을 강화시키고 배 속의 새끼가 너무 크는 것을 막아 순산에 도움을 준다.

보금자리는 온도 변화가 심한 장소를 피하고 사람의 출입이 적은 어둡고 조용한 장소에 마련해준다.

영양 관리

임신 기간 중에는 영양가가 높고 소화가 잘 되는 먹이를 주어야 한다. 특히 임신 30일경 후부터는 태아가 모견의 위를 압박하게 되므로 조금씩 자주 주는 것이 좋다. 임신이 확인된 초기에는 사료량을 10% 정도 늘려서 주고, 임신 50일 이후부터는 약 30%까지 추가로 급여한다.

출산 후 산욕성 강직을 예방하고자 칼슘 보충제를 과도하게 먹이면 오히려 칼슘의 항상성에 문제가 올 수 있기 때문에 적절한 조절이 필요하다.

운동 관리

임신 초기에는 평상시와 같은 산책이나 운동을 하면 되고, 중기에는 평소 운동량의 20~30% 정도 줄여서 하는 것이 좋다. 임신 말기가 되면 불어난 몸무게로 반려견도 운동하는 것을 힘들어하기 때문에, 평소 운동량의 50% 이하로 줄여서 가벼운 산책이 되도록 해주면 된다. 특히 대/소변을 실외에서 하는 경우 임신 말기가 되면 대/소변만 보고 들어와도 괜찮다.

그러나 모견이 비만하지 않도록 꾸준히 관리해주어야 한다. 운동부족과 비만은 출산 시 심한 산통의 원인이 되며, 심하면 제왕절개 수술로 출산해야 하기 때문이다.

나이든 반려견의 임신과 질병

적정 임신 연령

반려견의 임신은 보통 2~6세에서 이루어지도록 권장한다. 7세 이후에도 임신이 가능은 하지만 임신 확률이 점점 낮아진다. 되도록 6세 이전의 임신과 출산이 권장되며, 7세 이후에는 난소 및 자궁의 질병 예방을 위하여 정기적으로 병원을 다니는 것이 좋다.

난소 및 자궁 질환(암컷)

중성화 수술을 하지 않은 암컷은 나이가 들면서 난소 및 생식기 질환이 증가한다. 특히 난소는 점자 기능을 잃어버리면서 퇴화되는데, 일부는 양성 종양으로 발전하고 드물게 악성 종양으로 발전하기도 한다. 서서히 찾아오는 무서운 암으로 알려져 있는 난소암은 사람과 마찬가지로 반려견에서도 발생하는 경우가 종종 있다.

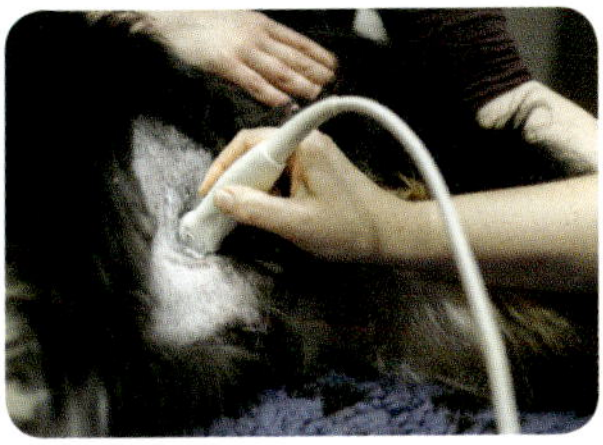

한편 노령견에서는 자궁에 농이 차는 자궁축농증이 자주 발생하는데, 이 역시 생명과 직결되는 위험한 질병이다.

따라서 암컷의 경우 6~7세 이상이 되고 생리 주기가 돌아오지 않는다면, 주기적으로 난소 및 자궁 초음파 검사를 받아 질병의 발생을 미리 예방하거나 치료해주는 것이 좋다.

고환 및 전립선 질환(수컷)

수컷은 나이가 들면서 고환이 비대칭적으로 커지는 경우가 드물게 있다. 이런 것은 대부분 양성 고환종양이므로 중성화 수술을 미리 해주는 것이 좋다. 수컷의 중성화 수술은 나이가 들어 발생하는 전립선 비대증 치료에도 예방이 된다. 전립선 비대증은 고환에서 나오는 남성호르몬의 영향을 받아 발병하는 질병이기 때문이다.

반려견의 유산

유산을 일으키는 가장 큰 원인 중의 하나는 브루셀라 감염증이다. 브루셀라 감염증은 사람을 포함한 많은 포유동물에서 유산과 불임을 일으키는 치명적인 질병으로 알려져 있다. 따라서 반려견의 건강한 출산을 원한다면 브루셀라 감염증 검사를 하여 음성인지 확인을 한다.

또 다른 유산의 원인으로 지적되는 것으로 허피스 바이러스가 있다. 이는 다양한 감염성을 유발하는 원인체로 유산을 유발할 수 있으므로 감염이 되지 않도록 주의한다.

이 외에도 마이코플라스마 및 다양한 세균성 감염이 유산을 유발할 수 있으며, 반복적으로 유산이 된다면 유산된 태아를 검사 기관에 의뢰하여 원인체를 찾아야 한다.

한편 반려견이 임신 중·후기(30~57일)에 유산을 했다면 정밀 검사가 필요하다. 유산과 사산은 여러 가지 원인에 의해 발생하며, 임신 중·후기 유산에는 후산정체와 자궁염이 동반된다. 유산, 사산 태아의 배출 후 후처치가 매우 중요하며, 자궁 내 오로로 인한 산욕열과 염증이 때로는 임신했던 반려견을 죽음으로 몰고갈 수 있다.

개도 사람처럼 폐경기가 있나요?

진료 중에 보호자에게 반려견의 마지막 생리가 언제쯤이었는지 물어보면, 7세 이상의 고령의 반려견을 키우는 분들은 보통 잘 모르겠다고 하거나 폐경기가 와서 없어진 것 같다고 한다.

개의 경우 정확히 '폐경기'라는 단어는 쓰지 않는다. 임신을 하지 못하는 고령견이 되면 자연스럽게 난소의 기능이 저하되거나 퇴화되어 폐경기처럼 보인다. 하지만 어떤 개들은 10세가 넘어서도 계속 생리 주기를 보여주기도 한다. 암컷 반려견이 7세 이후에 생리가 오지 않는다면 난소 기능의 저하로 인한 것인지, 아니면 다른 질환이 있어서 그런 것인지 정기 검진을 통하여 혹시 발생할 수 있는 난소암, 자궁종양, 자궁축농증과 같은 질병을 예방할 수 있다. 또한 생리 주기에 대한 기록을 계속해서 메모해 남겨두면 진료에 많은 도움이 된다.

04

멍이가 출산이 임박했어요.
무엇을 준비해야 하나요?

대부분의 개들은 혼자서 분만을 한다.
하지만 첫 발정에 임신이 되었거나 임신 후기에 운동 부족으로
출산에 어려움이 있을 경우, 또는 견종에 따라 태막 제거를 잘 하지 못할 경우에는
반려인의 도움이 필요하다.

반려견의 임신 기간은 두 달 정도로 사람에 비해 무척 짧지만 준비는 사람만큼 철저하게 해야 한다. 출산 예정일보다 너무 일찍 새끼가 나와도 위험할 수 있고, 늦어져도 또한 문제가 될 수 있다. 따라서 출산 직전에는 어떤 준비가 필요한지, 응급상황이 발생했을 때는 어떻게 해야 하는지 미리 알아두는 것이 좋다.

출산 직전 검사

반려견이 출산을 앞두고 있다면 특히 출산 직전에는 몇 가지 검진을 받아야 한다. 55~58일

경이 되면 방사선 검사와 초음파 검사를 통해 몇 마리를 임신했는지, 출산일은 언제일지, 심장은 건강하게 뛰는지 등을 살펴본다. 심장 박동이 약하면 태아가 배 속에서 사산될 위험이 있다.

출산 전 검진을 통해 난산의 가능성이 있는지도 확인해야 한다. 모견의 골반 넓이보다 새끼의 머리 둘레가 더 클 경우 난산의 가능성이 크다. 난산 가능성이 크다면 예정일 전후 출산 전조 증상이 나타날 때 병원에 방문하는 것이 좋다. 검사 후 몸에 다른 이상이 없는 경우 곧바로 제왕절개 수술이 이루어진다.

제왕절개 수술

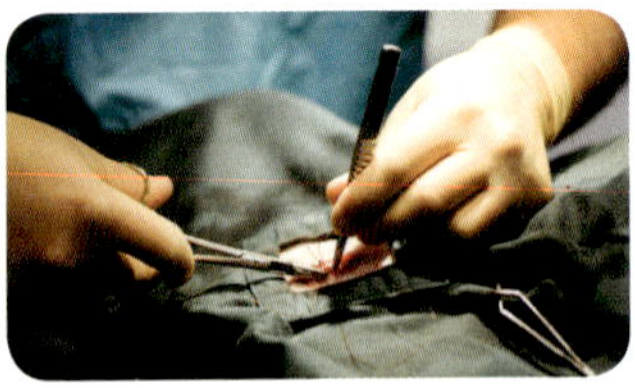

제왕절개 수술은 난산이거나 태아가 배 속에서 사망한 후 부패가 진행될 때 요구된다. 난산은 태아의 크기가 어미의 골반을 통과하지 못할 정도로 너무 클 경우, 위치가 잘못되어 있는 경우, 또한 발달상의 문제가 있거나

자궁무력증이 있을 경우에도 발생할 수 있다.

한편 분만 중 출산 간격이 3~4시간 이상 벌어지거나 출혈량이 너무 많을 경우에도 제왕절개 수술이 필요하다.

출산 전 준비해야 할 것들

산실 준비 산실 근처에 배변 패드를 미리 넓게 깔아둔다. 산실 바닥에 담요나 이불 등을 두툼하게 깔아두면 좋다.

겸자가위 탯줄 자를 부위를 집어줄 때 사용한다. 보통 새끼 배에서 1~3cm 정도를 집어주고 가위로 자른다. 치실이나 굵은 실을 이용해도 된다.

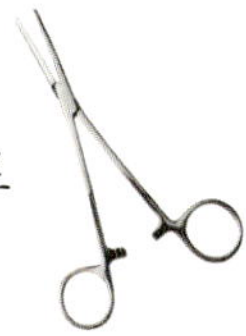

가위 탯줄을 자를 때 사용하며, 반드시 끓는 물에 소독하고 소독제로 닦아서 밀봉해 둔다.

소독약 출산을 도와야 할 경우가 생길 수 있으므로 손을 소독제로 소독한다. 또한 탯줄을 자른 후 잘린 곳에 한두 방울 발라준다. 소독약은 자극이 적은 것으로 선택한다.

수건/드라이기 체온유지를 위해 출산한 새끼의 몸을 닦은 후 바로 드라이기로 꼼꼼하게 말려준다.

체중계 출산 시 체중을 메모해 두고 새끼가 정상적으로 성장하는지 주기적으로 체중을 확인한다.

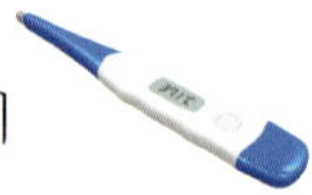

체온계 출산할 때가 가까워지면 체온이 현저히 떨어졌다가 출산 직전 다시 체온이 오르므로 체온계로 확인하며 준비할 수 있다.

대용유(젖병/주사기) 젖이 안 나올 경우에 대비하여 준비해 둔다.

새끼 낳기 전 행동 변화(출산 징후)

새끼를 낳기 직전에는 주의가 산만해지며, 진통이 시작되면 방바닥을 긁기도 한다. 또한 몸을 주기적으로 부르르 떨거나 한 자리에서 빙글빙글 돌면서 생식기를 핥는 행동을 보이기도 한다. 식욕이 급격히 떨어지고 체온이 37도

이하로 내려가면 12시간 이내에 분만이 시작된다는 것을 의미하므로 미리 준비를 한다.

분만 징후

- 진통이 시작되면 산만해지며 방바닥을 긁는다.
- 몸을 주기적으로 떤다.
- 한 자리에서 빙글빙글 돌며 생식기를 핥는다.
- 아무것도 먹지 않는다.(24시간 이내에 분만한다.)
- 새끼가 나오기 바로 직전 힘을 주며 뒷다리를 뻗는다.

분만 과정 알아보기

대부분의 개들은 스스로 분만을 한다. 하지만 첫 발정에 임신이 되었거나 임신 후기에 운동 부족으로 출산에 어려움을 겪는 경우도 있기 때문에 보호자의 도움이 필요할 때가 있다.

① 분만 제1기

자궁목 확장기로 자궁이 수축하면서 자궁목이 확장되는 때까지 보통 6~12시간 정도가 걸린다. 외부에서는 증상이

관찰되지 않으며, 모견이 불안해하거나 신경질적이고 부르르 떨거나 식욕부진 증상을 보이기도 한다.

② 분만 제2기

태아 만출기로 자궁목이 확장되면서 태아가 산도를 통과하기까지 보통 3~6시간 정도가 소요된다. 복벽 수축이 보이므로 외부에서도 관찰할 수 있다. 일반적으로 30분에서 1시간당 한 마리씩 분만을 하는데, 약 4~6시간 진통을 계속할 때에는 난산으로 고려하여 처치를 해야 한다. 모견이 탯줄을 끊고 새끼를 핥아주며 태반을 먹기도 하지만, 제대로 하지 않을 경우에는 반려인이 깨끗한 수건으로 새끼의 코끝과 입 주위부터 닦아 잘 말려주며, 탯줄을 자른 후 소독을 해준다.

③ 분만 제3기

태반 배출기로 새끼가 태어난 후 태반 배출에 이르기까지 분만 직후 약 5~15분 이내의 시기이다. 역시 복벽이 수축하는 것을 볼 수 있다. 모견이 태반을 섭취한 후에는 가벼운 설사와 구토 증상을 나타낼 수도 있다. 분만 후 3~4주 동안 녹색을 띠는 삼출물인 오로를 배출하고, 4~5주 후에는 자궁 수복이 이루어진다.

분만의 단계(4단계)

단계	특징
1단계	양수가 터진다.
2단계	양수가 터진 후 진통이 심해지며 태막 주머니 안에 들어 있는 새끼 중 첫 번째 새끼가 나온다.
3단계	모견이 태막을 찢고 새끼를 핥아주며 탯줄을 깨물어 끊어준다.
4단계	가벼운 진통을 하며 후산을 한다. 출산 간격은 보통 30분 정도이다.

새끼 수 계산법

집에서 새끼 수를 계산하는 방법에는 배 둘레 측정법과 체중 변화에 따른 계산법이 있는데, 후자가 더 정확하다.

① 짝짓기 직후 몸무게와 임신 말기의 몸무게를 비교하여 그 차이를 확인한다.(단, 체중으로 계산하는 방법은 소형·중형·대형 및 품종에 따라서 달라질 수 있고 정확한 방법이 아니므로 참고만 하고, 정확한 방법은 임신 말기에 동물병원에서 X-ray를 촬영하여 확인하는 것이 좋다.)

② 차이 나는 몸무게를 g으로 환산한다.

③ 새끼 몸무게 400g + 태반과 양수 200g으로 하여 새끼 한 마리를 600g으로 친다.

④ 증가한 몸무게를 600g으로 나누어 새끼의 수를 추정한다.

이상 분만

양수가 터진 후 한 시간이 지나도록 분만이 진행되지 않거나 진통이 없고 두 번째 출산이 이루어지지 않을 경우 이상 분만을 의심할 수 있다. 더 이상 시간이 지연된다면 진통 촉진제를 이용해야 한다. 제왕절개 수술을 할 상황이 올 수 있으므로 집 근처에 있는 24시간 진료하고 있는 동물병원을 미리 알아둔다.

가정 분만 시 대처 요령

모견이 건강하고 난산이 아니라면 익숙한 환경인 집에서 출산하는 것이 가장 좋다. 출입이 많은 곳이나 시끄러운 곳은 피하고, 사람이 잘 다니지 않는 어둡고 안락한 공간을 마련해 그곳에서 출산을 하게 한다.

출산 당일 갑자기 장소를 바꾸기보다는 출산 예정일 이전에 천천히 적응시켜 주면서 안전한 공간으로 인식하게 하는 것이 좋다. 최소한 분만일 2~3주 전에는 장소가 마련되어야 적응할 수 있다. 장소를 옮기더라도 평소에 사용하던 개집을 계속 사용하는 것이 좋다. 분만실 바닥 깔개는 깨끗한 타올 등으로 두껍고 넓게 깔아준다. 또한 출산 시 사용할 소독된 가위와 실, 수건 등을 미리 준비하고, 만약의 경우에 대비하여 초유(대용유)와 젖병도 구비해 둔다.

모견이 본능적으로 분만을 잘 할 수도 있지만, 미숙한 경우에는 조심스럽게 도와줘야 한다.

먼저 손을 소독한 후 진통에 맞춰 외음부가 벌어질 때까지 기다린다. 태아가 나오기 시작하면 손가락으로 탯줄을 누른 다음, 진통의 움직임에 맞춰 새끼를 꺼낸다. 그다음 양막을 찢고 수건이나 티슈로 새끼의 코와 입을 닦아준다. 탯줄을 제거할 때는 배꼽에서 약 0.5cm 떨어진 지점을 소독한 실로 묶은 후, 새끼 몸에서 1~3cm 떨어진 부분을 소독된 가위로 자른다.

탯줄을 끊었으면 새끼의 머리가 45도 이상 아래로 향하게 한 다음 등을 위에서 아래로 쓸어내려준다. 입 주위의

양수를 잘 닦아주고 울음소리가 날 때까지 쓸어주기를 반복한다. 새끼가 숨을 쉬지 않는다면 수건으로 몸을 잘 감싼 후 보호자의 머리 위까지 높이 들어올렸다가 빠르게 내려 양수를 제거한다. 이때 새끼를 놓치는 일이 없도록 각별히 주의해야 한다. 잘 울게 되면 수건이나 드라이기로 몸을 말려주고, 특별한 이상이 없을 때는 어미에게 데려가 젖을 물린다.

만약 양수가 터진 후 20분이 지나도 새끼가 나오지 않거나 첫 번째 새끼가 나온 뒤 한두 시간이 지나도록 두 번째 새끼가 나오지 않는다면 바로 병원에 가야 한다. 시간이 지체되면 산모와 태아 모두 위험할 수 있다.

반려인이 알아야 할 분만 상식

Doctor's Memo

모든 야생동물은 주변의 포식자로부터 새끼를 보호하려는 본능이 있다. 특히 새끼를 낳는 경우 더욱 경계를 하게 되어 있다. 개도 야생 늑대로부터 진화되어 왔기 때문에 본능적으로 조용하고 안전한 주변 환경을 선호한다. 어떤 개는 주인의 손길이 있어야 안정감을 찾고 분만을 하는 경우도 있지만, 대부분의 개는 자기만의 조용하고 안전한 곳에서 분만을 하려고 하기 때문에, 분만 징후(불안감, 호흡이 가빠짐 등)가 보이면 혼자 있을 수 있게 간섭하지 않는 것이 좋다.

개는 다태 동물이므로 보통 한 마리 이상 임신하고 분만한다. 몇 마리를 임신했는지 정확히 알기 위해서는 분만 전에 미리 X-ray 검사를 하여 새끼 수를 파악하는 것이 좋다. 배 안에서 죽어서 나오지 못하는 경우도 있으므로 정확한 새끼 수를 아는 것이 중요하다.

분만이 끝났다고 판단되면 모견은 새끼를 돌보고 스스로 움직이려고 한다. 하지만 배 안에 죽은 새끼가 있으면 계속 분만을 하려고 하고, 잘못되면 탈수와 출혈 현상이 지속되어 위험해질 수 있다.

05

멍이의 산후조리, 어떻게 해줘야 하나요?

출산 후 모견은 대부분 새끼들을 돌보느라
최선을 다하기 때문에 자칫 몸이 부실해질 수 있다.
따라서 출산 이후 반려인의 세심한 관리가 필요하다.

출산 후 모견은 수유, 배설 관리 등으로 인해 스트레스를 많이 받게 되므로 반드시 산후 조리를 해주어야 한다. 출산 후에는 바로 장소를 옮기지 않으며, 최대한 낯선 외부인의 출입을 막아야 한다. 또한 계란 노른자나 닭가슴살 등 단백질이 풍부한 먹이를 급여해준다.

출산 직후

분만 직후 한동안 외음부로 삼출물이 계속 나오므로 오염을 방지하기 위해 깨끗한 거즈 등으로 닦아준다. 양수와 태반의 잔류물이 3주 이상 배출되는데, 그 양이 가장 많은 시기는 분만 후 1주일이다. 배출물의 색깔은 고양이의 경우 보통 적갈색인 반면, 반려견의 경우 어두운 녹색이다. 만약 심하게 부패된 상태로 배출물이 분비되거나 4주 이상 분비물이 계속 나온다면 질병을 의심해 보아야 한다.

또한 신선한 젖 대신 고름이 나오거나 유방 주위에 열감과 통증이 느껴지는 유선염이 발생할 수 있다. 이 경우 따뜻한 물수건으로 마사지를 해주면 좋은데, 심할 경우 병원에서의 치료가 필요하다.

출산 후 지치고 신체 기능이 떨어진 상태이므로 자극적인 음식이나 소화불량의 원인이 되는 먹이는 피하고 안정된 환경을 조성해준다.

산후조리

출산 후에는 반려견도 사람처럼 산후조리가 필요하다. 설사를 계속 하는 경우도 있고, 영양실조로 이빨이 빠지거나 피부병에 걸리는 경우도 있다. 어미가 건강해야 새끼도 잘 기를 수 있기 때문에 산후조리는 사람의 경우와 마찬가지로 중요하다.

음식 염분을 제거한 미역과 간을 하지 않은 쇠고기를 넣고 부드럽게 푹 끓여 사료와 함께 준다.

사료 바꾸기 사료를 자견용 사료로 바꾸어주면 원활한 모유 분비와 기력 회복에 도움이 될 수 있다.

칼슘제 제공 임신과 출산 과정에서 어미개는 새끼들에게 칼슘을 과도하게 빼앗겨 골다공증 또는 산후마비까지도 올 수 있다. 이를 방지하기 위해 칼슘이 많이 들어 있는 사료나 보조제를 제공해주면 좋다.

행동 교정 출산 직후에는 몸이 많이 약해져 있기 때문에 높

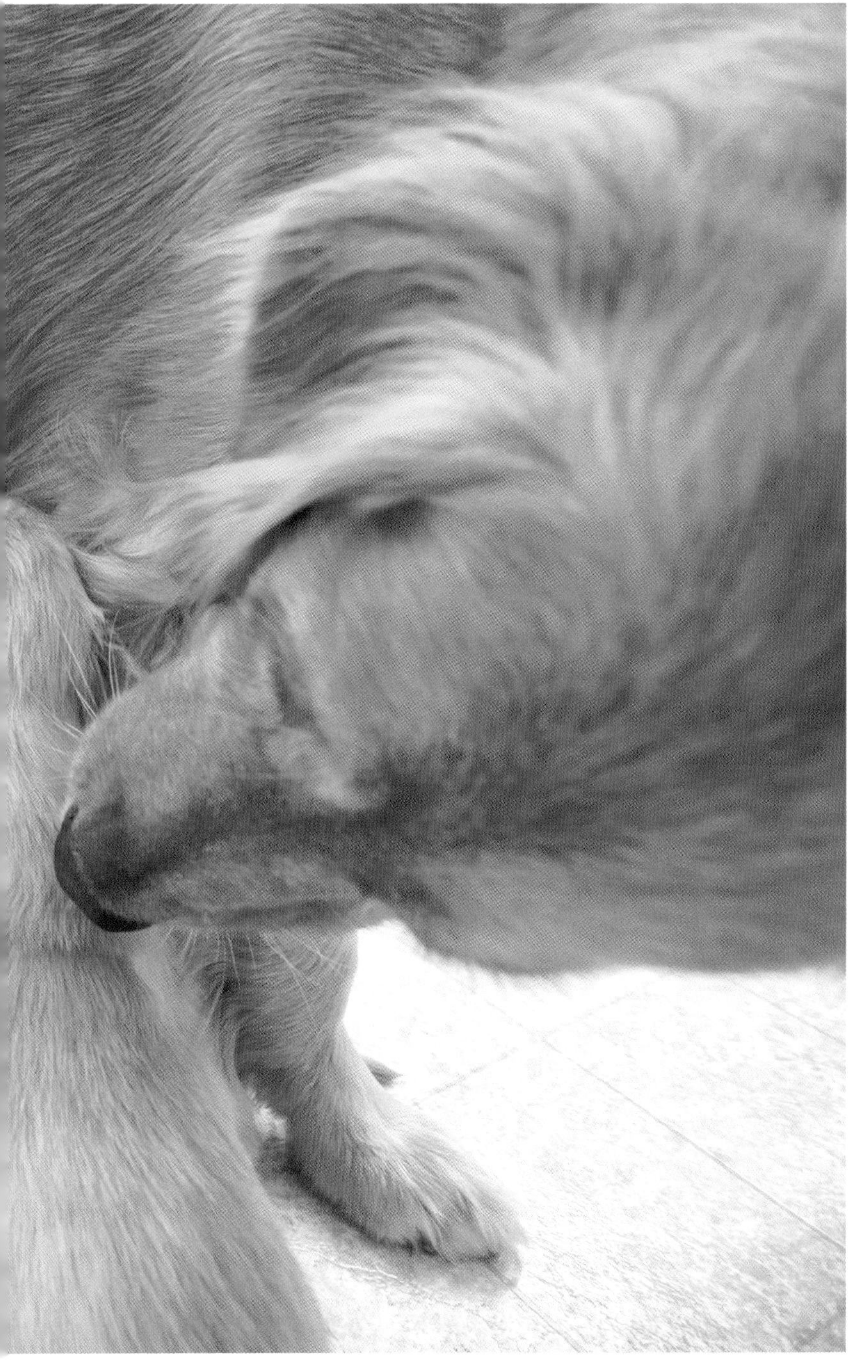

은 곳에서 뛰어내리거나 두 발로 오래 서 있는 등 무리한 동작은 하지 못하게 한다.

신경 안정 어미개는 출산 직후 새끼들을 돌보느라 극도로 예민해지게 된다. 따라서 출산 후에는 바로 장소를 옮기지 않고 최대한 낯선 외부인의 출입을 막아 신경을 안정시켜 준다. 어둡고 따뜻한 환경이라면 더욱 안정감을 느낀다.

출산 후 목욕

가급적 출산 후 한 달 동안은 목욕을 해주지 않는 것이 좋지만, 너무 지저분할 경우 따듯한 물수건이나 샤워기를 이용해 부분적으로 닦아줄 수 있다. 그러나 물속에 담그는 목욕은 아직 완전히 닫히지 않은 자궁 경관을 통해 목욕물이 들어가 감염의 원인이 될 수 있으므로 금해야 한다.

출산 직후 조심해야 할 질병

오로 오로란 출산 후 자궁으로부터 분비되는 거무스름한 분비물을 말하며, 출산 후 3~4주 동안 지속될 수 있다. 이 시기는 목욕이 해로우므로 너무 지저분하면 물수건이나 휴지로 닦아주는 정도로 그친다. 그러나 산후 6주가 넘도록 출혈이 멎지 않는다면 자궁의 태반 부착 부위가 아물지 않아서 발생하는 것일 수 있으므로 빈혈에 대한 치료를 해야 한다. 상태가 심할 경우에는 자궁을 떼어내는 수술이 필요하다.

질탈 / 자궁탈 분만 시의 질탈이나 자궁탈은 흔히 발생하는 질환은 아니며, 임신 경력이 있는 개나 초산인 고양이에서 일어날 수 있지만 주로 고양이에서 더 많이 관찰된다. 일반적으로 자궁탈은 마지막 새끼가 태어난 직후 또는 수 시간 이내에 일어나며, 양 자궁각이 완전히 외부 생식기로 돌출된 것과 자궁체와 한쪽 자궁각만 돌출된 것으로 나눠질 수 있다. 처치 방법으로는 손에 의한 정복법, 개복술에 의한 정복 및 절단법이 있다. 난소와 자궁을 함께 적출하는 수술법이 적용되는 경우가 많다.

출혈 분만 후 생식기에서 어느 정도 출혈이 있는 것은 일반적이지만, 병적으로 과도하게 나타나는 출혈은 자궁 또는 질의 열상과 혈관 파열을 의미할 수 있다. 또한 잠재적인 혈액의 응고부전이 출산을 통해 발견됐을 가능성도 있다. 출혈 부위를 확인하기 위해서는 외부 생식기 안쪽을 육안으로 관찰하고 자궁 및 자궁벽의 수복을 촉진하기 위해 옥시토신을 투여할 수 있다. 자궁 출혈이 심각한 경우에는 출혈 부위를 찾아내기 위한 탐색적 개복술을 실시할 수 있다. 또한 모견이 과다출혈로 인한 쇼크 증상을 나타내지는 않는지 주의 깊게 살펴보고 수혈을 하기도 한다.

급성 자궁염 분만 직후에 발생하는 자궁염으로, 출산 과정에서 산도가 열리고 자궁 내 환경이 바뀌면서 외부의 세균이 침투하기 쉬워지기 때문에 자궁의 상행성 세균 감염이 발생한다. 난산, 산과적 처치, 정체된 태아와 태반 또는 불결한 환경에서의 분만이 자궁염의 원인이 될 수 있다. 증상으로 발열, 탈수, 기력소실, 식욕부진, 유즙결핍, 혈액과 농이 섞인 질 배출물 등이 나타난다. 즉각적인 수액 처치와 항생제 투여 등이 필요하므로, 증상이 복합적으로 나타나면 병원에 데려가 치료를 받아야 한다. 심각한 경우에는 난소자궁 적출술을 실시할 수 있다.

태반 및 태아 정체 배 속에 잔류한 태반은 심각한 문제를 야기할 수 있다. 특히 정체된 태아 및 감염이 동반된 경우에는 더욱 심각한 문제가 된다. 진한 흑색의 질 배출물을 보이며, 태아가 정체되어 있다면 촉진 또는 초음파와 방사선 검사로 확인할 수 있다.

무유증 분만 후에 젖이 나오지 않는 증상으로, 유즙의 배출 또는 생산부전에 의해 나타날 수 있다. 처음 분만을 하는 모견에서 스트레스로 인한 일시적인 무유증이 나타날 수 있는데, 수일간 반복하여 옥시토신을 투여하면 유즙 배출을 촉진시킬 수 있다.

태반부착 부위 퇴축부전 일반적으로 자궁 수복은 출산 후 12주 이내에 완료된다. 하지만 6주 이상 질에서 혈액성 배출물이 지속적으로 나온다면 태반부착 부위의 퇴축부전으로 판정한다. 대부분 어린 초산 동물에서 나타나고, 주로 자연 치유되며 다음 임신에 문제가 되지 않는다. 드물지만 대량 출혈이 멈추지 않거나 자궁감염이 일어난 경우에는 난소 자궁 적출술이 필요하다.

산후마비 산후열 또는 유열이라고도 한다. 새끼들에게 물리는 젖으로 인해 모견이 칼슘이 부족하게 되어 발생하는 질병이다. 또한 육류를 과도하게 급여함으로써 칼슘과 인의 부조화로 인해 발생할 수 있다. 보통 출산 2~3주 후에 발생하지만 그보다 빨리 발생할 수도 있다. 처음 증상은 열이 나거나 헉헉대고 비틀거리거나 사지를 떨며, 심하면

쓰러져서 온몸에 경련을 일으킨다. 이런 증상을 보이면 빨리 동물병원에 가야 하며, 칼슘이 많이 들어 있는 음식을 섭취하고 상태에 따라 젖을 떼거나 줄여야 한다.

무유증과 울유증 비교

Doctor's Memo

▶ 무유증

분만 후 유즙이 분비되지 않는 증상을 말하며, 초산인 경우나 제왕절개한 모견에서 흔히 볼 수 있다. 불안과 통증 때문에 아드레날린이 과잉 분비되면 옥시토신이라는 호르몬의 방출이 억제되어 발생한다. 모견를 안정시키고 새끼가 젖을 빠는 자극을 줌으로써 젖이 분비되도록 할 수 있으나, 심한 경우는 치료가 필요하다. 무유증을 일으키는 원인으로는 영양장애, 쇼크, 유방염, 자궁염, 전신성 감염, 내분비계이상 등이 있다.

▶ 울유증

분만 후 유선의 종창과 부종을 보이는 증상을 말하며, 만지면 단단하고 열감이 있다. 모견이 불안해하고 통증을 호소하며 때때로 유즙 분비가 안 되는 경우도 있다. 주로 높은 유즙 생산 능력을 보이거나 새끼들이 빨지 못한 유선이 존재할 경우 발생한다. 따뜻한 물수건으로 부드럽게 마사지하거나 새끼가 빨지 못한 유두 쪽을 빨게 하면 어느 정도 개선되지만, 심한 경우에는 치료를 해야 한다.

06

갓 태어난 새끼들은 어떻게 관리하나요?

생후 2개월을 무사히 넘기면 새끼들은
건강하게 자랄 수 있다고 보아도 무방하다.
갓난 시절의 관리 상태가 일생의 건강에 많은 영향을 미치게 되므로
특히 이 시기에 잘 관리해준다.

태어난 새끼의 이상 유무 확인

무엇보다 태어난 새끼들이 건강한지 확인하고 이에 따라 적절하게 관리하는 것이 중요하다. 중요하게 확인해야 할 것은 선천적 기형이 있는지 살펴보는 것이다. 다리 및 발가락 개수, 구개열/구순열, 항문이 있는지, 생식 기관이 올바르게 위치해 있는지 확인한다.

참고

개에서도 자웅동체가 존재한다. 이것은 코커스패니얼에서 자주 발생하는 유전적 질환으로, 초기에 암컷이었는데 자라면서 수컷 생식기와 비슷해지는 모양을 보인다.

갓난 새끼는 처음 며칠 동안은 허리를 안으로 구부리며 잠을 자는데, 이러한 수면 자세는 다리의 발달이 먼저 이루어지기 때문이다. 새끼들은 잠을 잘 때 흐느끼기도 하고 놀라기도 하며 다리를 차는 행동을 하는데, 이런 잠을 운동잠이라고 한다. 생후 일주일 정도가 지나면 새끼의 발톱을 깎아주는데, 이는 수유 중 새끼가 모견의 유선을 자극하기 위해 발로 누를 때 모견의 유방에 상처를 입히는 것을 방지하기 위해서이다. 꼬리를 잘라야 하는 품종에서는 이즈음에 하는 것이 좋지만, 발육이 늦은 허약한 새끼의 경우 2주 정도 기다렸다가 한다.

생후 주수별 특징

새끼가 눈을 뜨기까지 출산 이후 2주간은 새끼의 사망률이 가장 높은 때이다. 따라서 이 시기를 잘 넘기는 것이 가장 중요하다. 처음 눈을 뜰 때는 눈동자가 명확하지 않고 탁한 색을 보인다. 눈이 잘 보이기 시작하면 사지를 버티고 서서 허리를 들고 걷기 시작하여, 생후 3~4주가 되면 제법 튼튼한 걸음걸이로 돌아다니며 논다.

생후 주수	특징
1주	하루 종일 잠을 자며 젖만 먹는다.
2주	눈이 뜨이고 귀가 열리게 된다.
3주	사물을 관찰하며 돌아다닌다.
4주	함께 태어난 다른 새끼들과 놀기 시작한다.
6주	젖니가 전부 나면서 젖을 뗄 준비를 한다.

초유의 중요성

새끼의 경우 태어날 때 몸에 가지고 있는 면역항체가 매우 낮기 때문에 건강을 위해서는 반드시 초유를 먹여야 한다. 새끼들은 분만 후 모견의 초유에서 얻은 수동면역에 의지하기 때문이다.

초유는 일반적으로 생각하는 우유보다 훨씬 맑고 투명하다. 장에서 초유에 들어 있는 항체를 흡수할 수 있는 시간이 매우 짧기 때문에 가능한 빨리 먹여주는 것이 중요하다. 생후 24시간이 지나면 상대적으로 적은 항체만이 위장관을 통해 흡수되기 때문이다.

대용유

가끔 유선 발달이 원활하지 않아 모유가 잘 나오지 않거나 유선염 등으로 인해 모유 상태가 좋지 않은 경우가 있다. 그럴 때에는 시중에 나와 있는 새끼용

대용유를 먹여야 한다. 출생 후 처음 수주간 새끼가 생명을 유지하는 데 꼭 필요하다. 사람이 먹는 우유는 유당 함량이 많아서 새끼가 먹을 경우 심한 설사를 일으킬 수 있다. 대용유는 모유와 조성이 유사하고 유당 함량이 낮아야 한다.

새끼용 젖병에 넣어 체중의 약 30% 되는 양을 하루에 여러 번에 걸쳐 나눠서 먹이면 된다. 이때 머리를 너무 뒤로 젖히면 대용유가 폐로 들어갈 수 있으니 주의한다. 모견이 새끼들을 제대로 관리해주지 못할 경우에는 2~3시간 간격으로 대용유를 먹인 후 항문을 핥아주듯이 티슈로 배변/배뇨 자극을 해주어야 한다. 일반적으로 신생견의 체중은 하루에 5~10%씩 증가한다.

이유식 하기

생후 약 4주가 되면 새끼들은 주변에 대한 호기심이 증가하며, 발로 만지거나 입으로 먹어보는 행동 등을 한다. 모견이 사료를 먹는 모습을 보면서 사료에 대한 호기심을

갖게 되고, 6주 전후로 모견의 사료를 먹어보려고 시도한다. 이때 자견용 사료를 구입해 물에 불려서 주기 시작하면 된다. 물에 불려서 주는 수준을 점차 줄여나가서 자견용 사료 그대로 주면 강아지들이 먹기 시작한다. 약 8주가 되면 완전히 모견과 분리하여 아침저녁으로 자견용 사료를 준다.

목욕 시키기

새끼들에게는 이유식이 끝날 때쯤부터 목욕을 시켜준다. 아직 면역이 약하기 때문에, 자주 목욕시키는 것보다는 냄새가 날 때를 기준으로 씻겨주는 것이 좋다.

예방접종 하기

생후 3~4주에 먼저 구충을 시작하고, 이후 약 6~8주부터 종합백신을 1차에서 5차까지 약 2~3주 간격으로 접종한

기본 예방접종

구분	8주	10주	12주	14주	16주	매년 추가 접종
종합백신	1차	2차	3차	4차	5차	1회
코로나	1차	2차				1회
켄넬코프			1차	2차		1회
광견병					1차	1회
구충	1차 (생후 3~4주)	1회	1회	3개월령 이후 3개월마다 1회		
심장사상충	매달 1회 투여					

예방접종 전후 알아둘 내용

▶ 예방접종 날짜는 꼭 지킨다

접종 날짜를 지켜야 하는 이유는 접종으로 생겨나는 항체가 소멸되기 전에 다시 접종을 해주기 위해서이다. 따라서 예정일보다 2~3일을 넘기지 않아야 한다.

▶ 접종일 컨디션을 좋게 한다

예방접종은 질병의 원인이 되는 바이러스를 약하게 만들어서 몸속에 넣어주는 것이기 때문에 그 바이러스와 싸울 수 있는 최소한의 컨디션이 필요하다. 목욕은 급격한 온도 차이로 인해 스트레스를 발생시킬 수 있으므로 삼가고 격렬하게 놀아주는 것도 피하며 좋은 컨디션을 유지한다.

▶ 접종 후 2~3시간 동안 잘 지켜본다

접종 후 얼굴이나 눈이 붓는 접종 알레르기 반응을 보인다면 즉시 병원에 간다.

다. 종합백신이 포함하고 있는 질병은 디스템퍼(홍역), 파보바이러스(장염), 헤파타이티스(간염), 파라인플루엔자(인플루엔자), 렙토스피라이다.

새끼 강아지 새 가정 찾아주기

가장 좋은 것은 어미견과 새끼견이 함께 사는 것이겠지만, 피치 못할 사정으로 인해 새끼 강아지에게 새 가정을 찾아줘야 할 경우도 있다. 새끼 강아지에게 따뜻한 새 가정을 찾아주려면 어떻게 해야 할까?

가장 좋은 것은 분양 받을 사람과 그 집 환경에 대해 잘 알 수 있는 가까운 지인에게 분양하여 새끼들에게 따뜻한 가정을 찾아주는 것이다.

그러나 무엇보다 중요한 것은, 발정기가 돌아올 때마다 매번 다 키우지도 못할 새끼를 낳고 분양을 반복하는 일은 삼가야 한다는 것이다.

쇠약자견 증후군
(새끼의 이상 징후)

쇠약자견 증후군이란 출생 시 뚜렷한 이상이 없었는데도 출생 후 3~5일 이내에 이유 없이 건강상태가 악화되는 상태를 말한다. 출생 후 24시간 이내에 체중이 감소하기 시작하였다면 포유반응(젖빨기)이 불충분하다는 것을 의미한다. 만일 계속 낑낑대며 비정상적인 움직임을 보인다면 전반적으로 쇠약해지면서 질병으로 이어질 수 있고, 심한 경우 사망하기도 한다. 출생한 새끼들은 체온조절기구 및 면역체계가 미숙하고 탈수증과 저혈당의 위험으로 인해 이러한 질병의 위험에 노출될 가능성이 높다. 이러한 이상 증상은 난산이었거나 모견이 새끼를 잘 돌보지 않을 경우, 수유 부족 등과 관련되기도 한다.

따라서 출산한 새끼가 계속 낑낑대거나 젖을 잘 빨지 않고 다른 새끼들과 달리 자꾸 구석으로 가는 모습을 보인다면 특별한 관심이 필요하며, 심할 경우 병원에 가야 한다.

07

멍이도 상상임신을 할 수 있나요?

발정기 이후에 임신을 하지 않았는데도
복부가 팽창하고 유선이 발달하며 젖이 나오는
상상임신의 징후를 보일 수 있다.

사람과 반려견의 상상임신 비교

사람의 경우 상상임신은 간절히 임신을 원하게 되어 임신과 같은 증상을 보이는 형태를 말하며, 신경정신과적 또는 정신과적 상담을 하거나 필요할 경우 대증 처치를 하는 것으로 알려져 있다.

반려견의 경우에도 상상임신이 존재한다. 하지만 반려견의 상상임신은 사람의 상상임신과 다른 점이 있다. 개는 번식 주기를 거칠 때마다 항상 상상임신을 거친다고 할 수 있다. 어떤 개는 정말 임신한 것처럼 유선이 발달하고 분만 증상을 보이기도 하지만, 대부분의 경우 외부적으로 임신 증상은 보이지 않는다. 하지만 호르몬 분석을 하면 마치 임신한 것처럼 임신유지 호르몬이라고 알려져 있는 프로게스테론이 매우 높게 관찰된다. 호르몬 검사는 임신인데 실제로는 임신이 아닌 것이다.

반려견의 상상임신

상상임신은 발정기 후 약 6~14주 사이에 거의 모든 반려견 암컷에서 나타나는 증상이다. 단지 겉으로 증상이 얼마나 심하게 나타나는지 그 정도가 조금씩 다를 뿐이다. 주요 증상은 유선의 발달과 유즙 분비, 둥지를 만드는 행위, 질 분비물 배출, 공격성 증가 등이다. 혈중 프로락틴 농도의 과도한 상승이 그 원인이며, 시간이 지남에 따라 대부분 자연스럽게 증상이 완화된다.

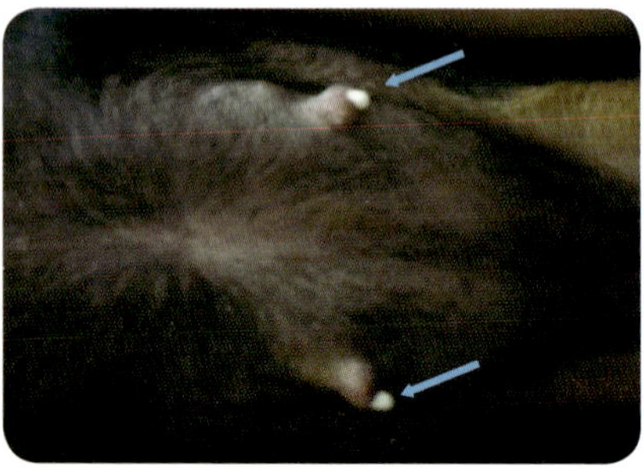

| 상상임신한 개가 유즙을 분비하는 모습

상상임신을 치료하고자 할 때 절대로 하지 말아야 할 것은 바로 난소자궁 적출술이다. 이 수술을 하면 프로게스테론 농도의 급격한 하강으로 인해 오히려 프로락틴은 상승하고 반영구적인 상상임신 증상을 나타낼 수도 있기 때문이다. 이러한 이유로 난소자궁 적출술은 발정 후 4~5개월령의 확실한 무발정기에 실시하는 것이 권장된다.

상상임신 케어 방법

반려견의 상상임신은 시간이 흐르면 대부분 자연스럽게 증상이 완화되지만, 증상이 심하거나 너무 힘들어할 경우 성 스테로이드 호르몬인 프로게스테론이나 항프로락틴 제제인 카베르골린 등을 사용할 수 있다. 유선의 발달이 심한 경우는 음수량을 줄여주는 것도 하나의 방법이고, 유선의 발달이 너무 심하여 복부로 처져 있을 경우 압박 붕대로 복부를 가볍게 둘러주는 것도 방법이다. 하지만 상상임신은 정상적으로 보이는 생리적 현상이므로 그냥 참고 넘어가는 것이 건강을 위해서 좋다. 이러한 상상임신을 멀리하려면 성 성숙 이전에 중성화 수술을 해주는 것이 좋다.

산후우울증 증상과 극복 방법

Doctor's Memo

반려견들도 사람과 마찬가지로 임신중에 예민해지고 감수성이 풍부해지며 산후에 우울증이 올 수 있다.

정상적으로 분만했을 경우 둥지를 만들거나 젖 먹이기, 새끼 돌보기 등으로 최소한 2주간은 대부분의 시간을 새끼와 함께 보내는 행동을 보인다. 하지만 반려견도 가끔씩 사람의 산후우울증과 비슷한 이상행동을 나타내는 경우가 있다.

심한 경우에는 분만 중 혹은 분만 후 정신적인 불안정이나 통증 때문에 자신이 낳은 새끼를 '무섭고 싫은 것'으로 간주하고 이들을 물어서 죽이는 경우도 있다. 또한 조산이나 제왕절개 수술로 태어난 새끼를 자신의 새끼로 받아들이지 않는 경우도 있다.

이런 의미에서 양호한 건강상태, 정숙하고 익숙한 환경, 새끼 존재의 익숙함 등은 이상행동을 예방하고 또 이를 치료하기 위해 꼭 필요한 조건이라고 할 수 있다.

출산 후 3~5일에 겪게 되는 가벼운 우울감은 보통 잠을 충분히 자고 1~2주 정도 지나면 자연스럽게 사라지는데, 3주 이상 지속된다면 우울증을 의심해봐야 한다. 산후우울증이라 예상되면 어미개를 최대한 스트레스 없게 편하게 대해주면서 좀 더 자유롭게 해주고 산책도 자주 시키는 등 반려인의 특별한 관심과 배려가 필요하다.

반려견의 산후우울증 증상

- 이유 없이 불안해하고 신경이 날카롭다.
- 침대나 소파 밑 구석 등 어두컴컴한 곳에 숨어 있다.
- 잘 자지 않거나 반대로 계속 잠만 잔다.
- 식욕부진 증상을 보인다.
- 새끼에 대해 지나치게 집착하거나 또는 무관심한 반응을 보인다.

08

중성화 수술을 해야 하나요?

반려인들이 가장 많이 하는 질문 중 하나가
"중성화 수술을 해야 하나요?"이다.
대부분의 수의사는 중성화를 권고하고 있지만,
몇 가지 단점이 있다는 사실도 알아야 한다.

중성화 수술은 선택 사항이지만, 질병의 예방 측면에서는 해주는 것이 좋다. 충분히 고민하고 상담을 한 후 반려견과 반려인 모두를 위한 결정을 내려야 한다. 수술을 하기로 했다면 나이, 몸무게, 품종, 건강 상태 등에 따라 수술 시기가 달라질 수 있으므로 수의사와 상의해 시기를 결정한다.

중성화 수술의 장점

중성화 수술은 발정기 때 겪게 되는 스트레스를 감소시켜 주며, 생식기계 질병인 자궁축농증, 유선종양, 난소낭종(암컷), 고환종양, 전립성 비대증(수컷) 등을 예방하는 효과가 있다. 행동학적으로는 수컷의 공격성을 완화시키고, 마운팅 행위를 하지 않도록 하며, 다리를 들고 소변을 보거나 주변에 마킹을 하는 행위 등을 막아줄 수 있다. 암컷의 경우에는 생리혈로 인해 주변이 지저분해지는 것을 막을 수 있다.

또한 원치 않는 임신이나 무분별한 번식을 막기 위해서 필요한 수술로서, 반려인이 반려견과 함께 오랫동안 행복한 시간을 보내기 위해서라도 가능한 빨리 중성화 수술을 시켜주는 것이 좋다.

중성화 수술의 단점

중성화 수술을 하게 되면 호르몬 불균형과 영양적인 불균형이 나타나게 되며, 결과적으로 비만이 될 가능성이 높다. 비만이 올 경우 심장병, 당뇨병 및 퇴행성 관절질환 등으로 고생할 수 있다. 따라서 중성화 수술 후에는 평소에 주는 사료량의 70~80% 정도만 급여하고 충분한 운동을 통해 급격히 살이 찌는 것을 미연에 방지해주는 것이 좋다.

수컷의 중성화 수술

양쪽 고환이 잘 내려온 경우 생후 5~6개월에 수술을 하는 것이 좋다. 배 속이나 피부에 고환이 묻혀 있는 잠복고환인 경우에는 종양이 될 가능성이 매우 높으므로 반드시 수술로 제거해야 한다.

수술 방법

❶ 먼저 기본적인 혈액 검사와 마취 전 검사를 하여 건강에 이상이 없는지 확인한다.

❷ 전신마취를 하고 고환 주변의 털을 깨끗이 제거한다.

❸ 수술 부위를 소독하고 피부를 절개하여 고환집막을 확인한다.

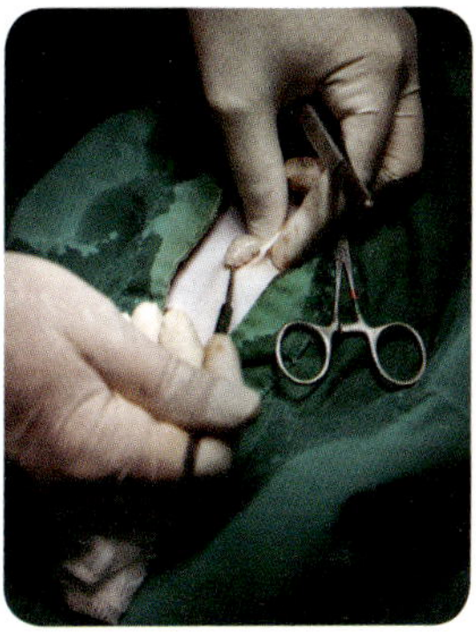

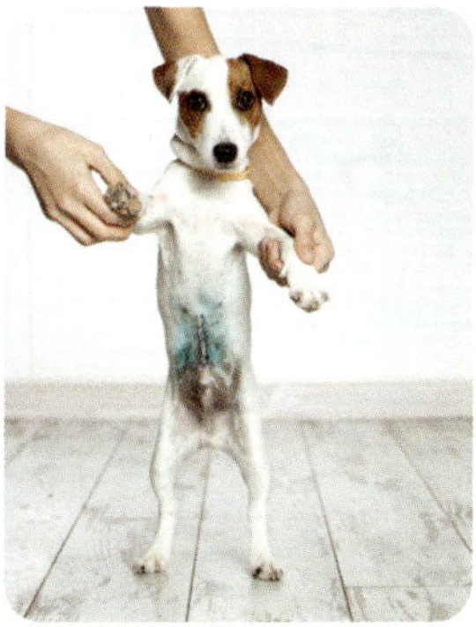

❹ 고환집막을 절개하고 고환실질을 부드럽게 밀어올려서 정삭(고환에 연결된 혈관 및 인대)을 확인하고, 그 부분을 결찰하여 출혈이 없도록 제거한다.

❺ 정삭이 제거된 고환은 주변 결합조직과 분리하여 꺼낸다.

❻ 다른 쪽도 같은 방법으로 한다.

❼ 마지막으로 출혈이 있는지 확인하고 피부를 봉합한다.

❽ 마취에서 회복하고 의식이 돌아온 후 3~4시간 동안 경과를 지켜보면서 문제가 없으면 바로 퇴원한다.

암컷의 중성화 수술

첫 발정 이전에 수술을 하게 되면 유선 종양을 대부분 예방할 수 있다. 성견이 된 뒤에도 수술은 가능하지만, 나이

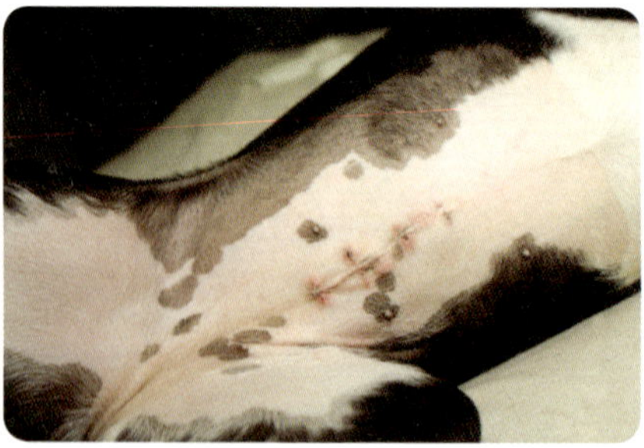

가 많을 경우 간이나 콩팥, 심장 등의 기능이 약해져 있을 수 있어 건강 상태를 확인한 후 수술하는 것이 안전하다. 암컷의 중성화 수술은 수컷의 수술보다 복잡하다.

수술 방법

❶ 수컷과 마찬가지로 기본적인 혈액 검사와 마취 전 검사를 하여 건강에 이상이 없는지 확인한다.

❷ 전신마취를 하고 배 주변의 털을 깨끗이 제거한다.

❸ 배꼽 중심으로 수술 절개 부위를 소독하고 배꼽에서 5cm 길이 정도를 절개해 복강 안 등쪽에 위치한 양쪽 자궁각을 확인하여 견인한다.

❹ 난소 및 자궁 전체를 확인하고 난소에 공급되는 혈관을 결찰하여 난소 부분과 자궁을 지지하고 있는 인대를 혈관의 분포에 따라서 조심스럽게 제거한다.

❺ 자궁목에서 자궁에 공급되는 혈관을 결찰하여 절제한다.

❻ 이렇게 난소 및 자궁을 절제한 후 복강 전체적으로 출혈이 있는지 확인하고 피부를 봉합한다.

❼ 수술이 끝나고 1~2시간이 지나면 의식이 돌아온다. 회복되는 속도에 따라서 다르지만, 보통은 6시간 정도 상태를 보고 정상적으로 돌아오면 퇴원하거나, 필요할 경

우 하루 정도 입원하여 건강 상태를 보면서 퇴원을 준비한다.

중성화 수술 후 관리

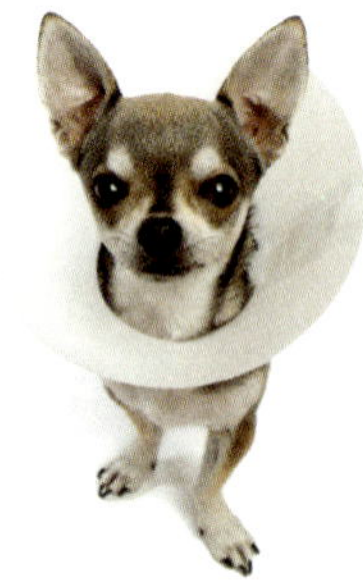

대부분의 반려견들에게 중성화 수술은 태어나 처음 받는 수술인 경우가 많아 불안해할 수 있다. 따라서 보호자는 될 수 있는 한 오랜 시간 곁에서 지켜보며 안정감을 주며, 수술 부위에 염증이나 출혈이 있는지 살펴본다. 수술 후 상처 부위를 핥지 않도록 씌운 목 보호대(넥카라)는 갑갑해 하더라도 잘 채워져 있는지 수시로 체크한다.

중성화 수술 후 관리 방법

- 수술 직후에는 안정을 취하게 한다.
- 상처 부위를 핥으면 염증이 생길 수 있으므로 목 보호대(넥카라)를 착용한다.
- 또 다른 반려견이 있다면 상처가 아물 때가지 격리한다.
- 기분 전환을 위해 간단한 산책을 시켜준다.
- 이후 호르몬 문제로 살이 쪄서 비만이 올 수 있으므로 사료 급여는 서서히 20% 정도까지 줄여준다.

임신을 원하지 않는 경우 - 피임

피임은 임신을 원하지 않는 경우를 비롯해 번식 목적이 아닌 개와의 돌발성 임신을 피하며, 성견으로 자란 수컷이 사람에게 성적 징후를 보이는 상황을 막고, 암컷의 경우 임신에 의해 몸매가 변하지 않게 하는 미용 효과를 원하는 경우에 필요하다.

피임 방법에는 여러 가지가 있는데, 대표적으로 발정 기간 중에 황체호르몬 약을 매일 먹이는 방법이 있다. 그러나 실패할 수 있으므로 만약을 위해 다른 개와의 접촉을 막아야 한다. 어떤 호르몬제는 발정 1개월 전에 주사하면 발정을 막을 수 있다.

그러나 확실한 방법은 불임 수술을 통해 안전하고 영구적으로 피임을 하는 것이다. 호르몬제 주사는 약간의 부작용이 있으므로 신중히 투여해야 한다. 불임수술은 암컷 수컷 모두 성견이 되기 전인 생후 6개월~1년 사이가 최적기이다.

09

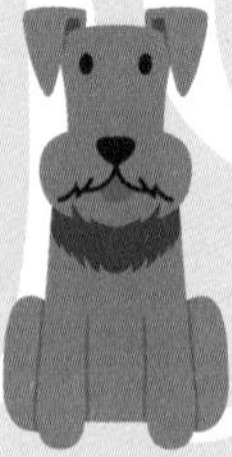

Q&A 반려견의 임신과 출산에 대한 궁금증 22가지

Q 특별한 이유 없이 임신이 안 되는데 반려견도 불임일 수 있나?

A 선척적으로 생식 기관의 발달이 덜 진행되었거나 혹은 암컷과 수컷의 생식기를 모두 가지고 있는 형태도 보고되고 있다. 정상적인 짝짓기가 이루어지더라도 임신이 안 되는 경우에는 부적절한 짝짓기 시기, 자궁종양, 자궁경관 협착, 황체기능부전, 자궁내막염, 조기배아사멸 등의 원인이 있을 수도 있다. 반면 잠복고환, 고환종양, 정자수 부족, 비정상적인 정자 형태 등 수컷이 갖는 불임의 원인들도 있을 수 있다.

Q 발정이 온 것처럼 생식기가 붓는데 생리를 하지 않는 경우도 있나?

A 여러 가지 원인이 있을 수 있지만 우선적으로 둔성 발정이라는 질환이 의심된다. 둔성발정인 암컷의 경우 뚜렷한 무발정 증상 혹은 모호한 발정기 증상을 나타내는데, 외부 생식기의 종대나 혈액성 질 삼출물이 보일 수도 있고 안 보일 수도 있다. 하지만 발정기 때마다 생식기가 붓는 증상을 발견할 수 있다면 체내 호르몬 변화나 배란은 정상적으로 이루어지고 있을 수도 있다. 훗날 자궁축농증이나 난소낭종, 유선종양 등 생식기 관련 질병을 예방하기 위해서라도 중성화 수술을 시켜주는 것이 좋다.

Q 임신을 원하지 않을 경우 중성화 수술이 꼭 필요한가?

A 발정기가 되면 암컷의 생식기는 혈관이 팽창하면서 부어오르고 쉽게 열리기 때문에 세균 감염의 기회가 많아져 자궁축농증에 걸릴 위험이 높아진다. 또한 유선도 발달하게 되는데, 수유를 하지 않으면서 발달한 유선은 쉽게 종양을 유발할 수 있다. 수컷의 경우에도 마찬가지로 발정기 때 민감해진 생식기를 핥는 등의 행위로 쉽게 세균에 감염될 수 있다. 결국 암컷이나 수컷 모두 중성화 수술을 함으로써 질병 예방과 스트레스 감소로 수명 연장에 도움을 줄 수 있다. 새끼를 출산하지 않을 계획이라면 반려인

이 반려견과 함께 오랫동안 행복한 시간을 보내기 위해서라도 가능한 빨리 중성화 수술을 시켜주는 것이 좋다.

Q 발정기에 사용하는 호르몬 억제 주사가 있다던데 사용해도 괜찮을까?

A 암컷 몸에서 자연적으로 분비되는 성호르몬으로는 대표적으로 에스트로겐과 프로게스테론, 황체형성호르몬 등이 있다. 이런 호르몬들이 서로 높아지거나 낮아지면서 발정과 배란이 이루어지고, 때로는 임신을 유지하는 등 전체적으로 안정된 생체 균형을 이루게 된다. 현재 발정 억제 주사의 약제로 사용되고 있는 것은 프로게스테론이라는 합성 스테로이드 성호르몬 제제로, 이 약제는 발정을 억제시키거나 자궁출혈 및 사모광증을 치료하는 효과가 있다. 하지만 이와 같이 외부에서 주입하는 호르몬 약제는 몸의 호르몬 균형을 깨트리는 역할을 하고 자궁 내 세균이 과도하게 번식할 수 있는 환경을 초래하여 자궁축농증이나 유선종양 같은 생식기 질환을 유발시킬 수 있다. 또한 부신피질기능저하증과 당뇨병 같은 부작용이 나타날 수 있다. 따라서 반드시 수의사의 처방에 따라 조심해서 사용해야 한다.

Q 임신했을 때 예방접종이나 기생충 구제를 해도 되나?

A 백신은 질병을 일으키는 병원체의 힘을 빼놓은 상태로 접종하는 생독백신과, 죽은 병원체 혹은 그 일부를 주사액으로 체내에 주입하여 저항력을 갖게 하는 사독백신으로 나눌 수 있다. 요즘 동물병원에서는 백신 부작용이 훨씬 적은 사독백신을 주로 사용하기 때문에 부작용의 가능성이 거의 없지만, 그럼에도 불구하고 유산이나 기형을 유발할 수 있으므로 되도록 임신 기간 동안에는 예방접종이나 기생충 구제를 하지 않는 것이 좋다. 가장 바람직한 것은 짝짓기하기 한 달 전에 백신 접종을 하는 것이다.

Q 발정이 왔을 때 암컷과 수컷은 어떻게 서로 끌리나?

A 암컷과 수컷 사이에서 페로몬이라는 활성물질이 행동의 변화를 주관하게 된다. 암컷에게서 페로몬은 성적 행동과 결부되어 수컷의 관심을 증폭시키며 수컷의 성기능을 자극한다. 대표적인 페로몬은 메틸-P-하이드록시벤조에이트라는 물질로 주로 신장과 생식도관에서 만들어져 발정기에 배출되는데, 실험적으로 중성화 수술을 한 암컷의 외음부에 이 페로몬을 도포하면 수컷의 흥분과 마운팅 자세를 유도할 수 있다고 한다. 반려견 암컷과 수컷이 처

음 만났을 때 서로의 생식기에 코를 갖다 대고 냄새를 맡는 행위는 이 페로몬의 영향이라고 할 수 있다.

Q 반려견을 근친교배 시켰을 때 생길 수 있는 문제점은 무엇인가?

A 근친교배를 통해 단기간에 외견상 훌륭하게 보이는 동물을 얻을 수 있을지는 몰라도, 이것이 장기간 행해진다면 유전적인 장애를 일으킬 수 있으므로 특히 개체수가 적은 품종에서는 이를 피하는 것이 좋다. 근친교배로 인해 생길 수 있는 문제점으로는, 우선 번식력 자체가 감소할 수 있고 자견 사망률이 높아질 수 있다는 것이다. 또한 심장이상, 면역력 저하, 각종 선천적인 기형(고관절 이상, 구개열, 무릎관절 이상 등), 돌연변이도 나타날 수 있다. 더불어 행동학적인 문제로 지능저하나 심한 공격성도 생길 수 있다.

Q 출산 후 모유가 잘 안 나오는데 일반 우유를 먹여도 될까?

A 출산 후 모견의 유선 발달이 원활하지 않아 모유가 잘 나오지 않거나 유선염 등으로 인해 모유의 상태가 좋지 않은 경우가 있다. 그럴 때에는 시중에 나와 있는 자견용 대용유를 먹여야 한다. 사람이 먹는 일반 우유는 유당

함량이 높아 새끼가 먹을 경우 심한 설사를 일으킬 수 있으므로 삼가야 한다. 강아지용 젖병에 넣어 체중의 약 30% 되는 양을 여러 번에 걸쳐 나눠서 먹인다.

Q 반려견들도 산후우울증이 있나?

A 가끔씩 반려견도 사람의 산후우울증과 비슷한 이상 행동을 나타내는 일이 있다. 이로 인해 새끼를 돌보지 않거나, 심한 경우에는 새끼를 물어서 죽이는 경우도 있다. 특히 조산을 했을 때나 제왕절개 수술로 출산했을 때, 태어난 새끼를 자신의 새끼로 받아들이지 않는 경우가 있다.

Q 반려견도 상상임신을 하나?

A 상상임신은 모든 반려견 암컷에서 나타날 수 있으며 겉으로 나타나는 증상이 조금씩 다를 뿐이다. 발정기 후 약 6~14주 사이에 호발하며, 유선의 발달과 유즙 분비, 둥지를 만드는 행위, 질 분비물 배출, 공격성 등이 나타날 수 있다. 이는 혈장 프로락틴 농도의 과도한 상승에 의한 것으로, 시간이 지남에 따라 자연스럽게 증상이 완화된다. 증상이 심하거나 너무 힘들어할 경우 성 스테로이드 호르몬인 프로게스테론이나 항프로락틴 제제인 카베르골린 등

을 사용할 수 있다. 젖이 너무 많이 나올 경우에는 음수량을 줄이고 유선을 감싸도록 압박붕대를 감아주거나 넥칼라를 착용시키는 것도 도움이 된다.

Q 사람이 임신했을 때 강아지나 고양이를 키우면 안 되나?

A 속설 중에 "임신 중에는 반려동물에 의해 기형이나 유산이 유발될 수 있기 때문에 절대 키워서는 안 된다!"라는 이야기가 있다. 하지만 맞지 않는 이야기이다. 개나 고양이의 털은 어떠한 경우에도 태아의 호흡기나 몸 안에 들어가 물리적으로 태아에게 영향을 미치지 않는다. 속설의 근거로 가장 많이 언급되고 있는 톡소플라스마 감염증의 경우, 연구 결과에서 반려동물(고양이)을 키우는 것과 안 키우는 것과는 상관관계가 없고, 주로 농촌이나 어촌 지역에서 흙에서 감염되거나 충분히 씻지 않은 야채의 생식이나 생선의 생식 등에 의해 감염되는 것이라고 밝혀졌다. 그래도 걱정이 된다면 모든 음식을 익혀서 먹고, 임신 계획 단계부터 톡소플라스마에 대한 항체가 있는지 산부인과에서 검사를 받으며, 배설물을 치울 때에는 꼭 장갑과 마스크를 착용하면 된다.

Q 엑스레이 촬영이 혹시 태아에 좋지 않은 영향을 끼치는 건 아닐까?

A 엑스레이 촬영은 보통 짝짓기를 한 후 50일경에 태아의 수를 확인하고 크기를 측정하여 출산 예정일과 난산 가능성을 파악하기 위해 실시된다. 1~2회 엑스레이 촬영 시 방출되는 자외선의 양은 산모와 태아 모두에게 안전한 정도의 양이므로 걱정하지 않아도 된다.

Q 새끼를 낳을 생각이 전혀 없는데 부주의로 짝짓기가 되었다면 어떻게 해야 하나?

A 원치 않는 교배로 임신이 예상될 때 보통 보호자들은 병원에 가서 피임약을 찾는 경우가 있다. 교배를 한 후 바로 쓸 수 있는 피임약으로 여성호르몬(에스트로겐)을 선택하는 경우가 있는데, 이는 피임을 할 수 있지만 부작용이 많은 호르몬 제제이다. 다른 선택으로 황체호르몬 억제제를 사용할 수 있지만, 이 또한 부작용이 있으므로 신중하게 사용해야 한다. 보통 한번의 갑작스런 교배로는 임신이 안 되는 경우도 있으므로, 일단 급하게 호르몬제를 선택하기보다는 임신이 되었는지 확인한 후에 수술 및 약물적 흡수 처리 방법 등을 고려할 수 있다. 이와 관련하여 교배 후 약

25일 이후에 병원에 가서 수의사와 상담할 것을 추천한다.

Q 출산을 하고 나서 외음부에서 초록색 분비물이 일주일째 나오고 있는데 어떻게 해야 하나?

A 출산을 하고 태반박리가 이루어진 부분에서 초록색 분비물과 함께 혈액이 나올 수 있다. 이런 현상은 매우 자연스러우며, 심하면 분만 후 약 16주까지 지속되는 경우도 있다. 모견이 건강하고 분비량이 지속적으로 줄어드는 경향이 있다면 시간이 지나면 저절로 해결된다. 하지만 줄어들지 않고 계속해서 분비량이 증가한다면, 태반박리 부분의 출혈이 멈추지 않고 발생하는 문제이므로 병원에 가서 초음파 검사와 혈액 검사를 하여 원인에 대한 처치를 해야 한다.

Q 새끼를 여섯 마리 낳았는데 태반은 세 개밖에 못 봤다면 어떻게 해야 하나?

A 늑대로부터 진화한 개는 분만할 때 조용하고 어두운 곳을 좋아하며, 분만의 흔적을 남기지 않기 위해 새끼와 함께 나온 태반을 보통 먹어서 없애는 경우가 많다. 호기심으로 또는 혹시 새끼가 잘못될까 걱정되어 옆에서 사

람이 분만 과정을 지켜보면 오히려 분만이 지연되거나 난산으로 연결될 수 있으니 조심하는 것이 좋다. 질문과 같이 분만 과정을 관찰하였는데 태반을 세 개만 보았다면 나머지는 모견이 먹었다고 볼 수 있다. 간혹 자궁 내에 태반이 남아 있는 경우가 있는데, 대부분 저절로 배출되며 모견이 먹는 경우가 가장 많다. 자궁 내에 태반이 남아 아주 드물게 염증이 발생하여 농이 흐르는 경우가 있는데, 출산 후 2~3개월이 지나도 농이 관찰되면 병원에 가서 치료를 받는 것이 좋다.

Q 병원에서 제왕절개 수술 후에 중성화 수술을 해주라고 하는데, 중성화 수술을 해도 새끼 강아지에게 먹일 우유는 잘 나올까?

A 제왕절개 수술을 한 후 동시에 중성화 수술을 하는 경우 문제가 될 수 있는 것이 바로 먹일 우유가 충분히 나오느냐이다. 이것이 어려운 문제이다. 일반적으로 초유 및 우유는 옥시토신과 프로락틴이라는 호르몬에 의하여 분비가 된다. 이 두 가지 호르몬은 자궁과는 직접적인 연관성이 없기 때문에, 중성화 수술을 동시에 진행하여도 보통은 새끼 강아지에게 먹일 초유 및 우유가 나온다. 하지만 수

술 후 통증이 심하거나 자궁의 수축 신호가 없어지는 것으로 인해 두 호르몬의 분비가 약해지면 초유 및 우유가 안 나올 가능성도 있다.

Q 출산 후에 모견이 힘이 없고 아파 보이는데 약을 줘도 될까? 젖을 통해서 새끼들한테 영향을 주지 않을까?

A 사람에게서 엄마가 섭취한 음식이나 약의 성분이 모유를 통해 아이에게 전달될 수 있는 것처럼, 반려견에서도 마찬가지로 영향을 줄 수 있다. 모견이 힘이 없고 아파 보이면 병원을 방문하여 자궁이나 기타 다른 곳에 문제가 있는지 알아보고 최소한의 약을 처방받아 투약하는 것이 좋다.

Q 임신 중 가벼운 상처나 설사 등으로 약을 처방받았는데 태아에 미치는 영향은 없나?

A 모든 포유동물은 임신 중에는 약물을 매우 조심해서 사용해야 한다. 약물을 잘못 사용하면 태아의 유산, 사산, 기형을 유발할 수 있기 때문이다. 설사나 가벼운 기침 등을 치료할 목적으로 처방받은 항생제를 임신한 개에게 먹이면 매우 위험한 일이 발생할 수 있다. 임신 중인 개에

게 약을 처방하고 싶을 때는 반드시 수의사와 상담을 해야 하며, 이것이 여의치 않다면 약물이 A, B, C, D, X 중 어느 등급에 속하는지 알아보고 A등급이면 사용해도 괜찮을 수 있다. 참고로 A등급은 임신 중에 쓸 수 있는 안전한 약이며, B등급은 사람에서는 아직 위험이 보고되지 않았지만 조심해야 하는 약이며, C등급은 약이 안전한지 결론지을 수 있는 연구 결과가 부족하므로 신중히 선택해야 하는 약이고, D등급은 부작용이 이미 보고된 위험한 약이며, X등급은 임신한 동물에게는 절대 사용하지 말아야 하는 약이다.

Q 잠복고환이라고 하는데 무엇인가?

A 잠복고환이란 두 개의 고환이 복강에 있다가 태어나면서 배에서 하강하여 고환집막으로 내려오지 못하는 것을 말한다. 이에 비해 편고환은 일반적으로 고환 한 쪽은 배 안에 있고 다른 한 쪽만 내려온 경우이다. 물론 두 개의 고환이 하나로 합쳐져서 한 개만 존재하는 편고환도 있다. 이렇게 고환이 외부로 하강하지 않고 배 안에 있는 경우를 잠복고환이라고 한다. 고환이 배 안에 있으면 대부분 나이가 들면 종양이 되는데, 단순한 양성종양으로 자라

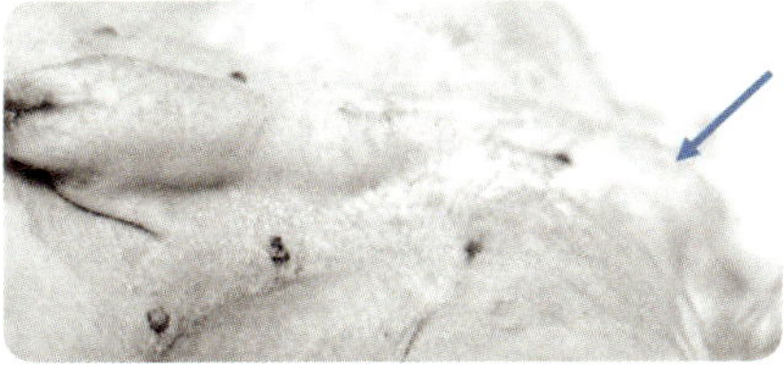

| **잠복고환** 두 고환 모두 배 안에 있어, 고환이 있어야 할 자리에 아무것도 없는 모습

게 되면 괜찮지만 많은 경우 여성호르몬을 분비하는 종양으로 발전한다. 수컷인데 지속적으로 여성호르몬이 분비되면, 처음에는 괜찮지만 시간이 지나면 여성호르몬 독성으로 심한 빈혈이 오고, 심각한 경우 생명에도 위협을 줄 수 있다. 따라서 수컷을 키우고 있다면 고환 두 개가 모두 다 존재하는지 확인하는 것이 필요하다.

Q 개에서도 인공수정을 할 수 있나?

A 가끔 공격적인 수컷과 교배를 할 경우 암컷이 다칠 수 있어 인공수정을 문의하거나, 또 외국에 있는 수컷과의 교배를 원하여 인공수정을 문의하는 경우도 있다. 외국에서 인공수정을 목적으로 정액을 구입하려면 국립수의과학검역원(농림축산검역본부)을 통해 수입해야 하며, 국내에서는 전문적으로 이를 다루는 동물병원을 이용하면 된다. 수입된 정액은 대부분 액체질소에 얼려 운반되므로 운반된

후에도 관리가 필요하다. 인공수정을 할 경우 배란 시점을 정확히 맞추는 것이 중요하다. 일반적으로 이용되는 질출혈과 질세포 검사는 실패의 위험이 상대적으로 높으므로, 되도록 배란 호르몬 검사를 하여 정확한 배란 날짜를 선택하고 교배를 시키는 것이 좋다.

Q 유전병이 있는 개는 번식시키면 안 되나?

A 개의 경우 현재까지 알려진 유전병은 260여 가지로 보고되고 있다. 반려견에게서 유전병이 발견되거나 의심이 된다면 번식을 시키지 않는 것이 좋다. 아무리 성격이 좋고 예쁘고 사랑스럽다 하더라도 유전병이 확인되는 개체는 번식을 시키지 않아야 건강한 개들이 많이 태어나고, 이는 함께 살아가는 반려인과 반려견 모두의 행복에도 좋다. 참고로, 최근 조사에 따르면 국내에서 가장 많이 키우는 것으로 알려진 몰티즈에서 보고된 유전병에는 잠복고환(편고환), 난청, 하악단소증(아래턱 기형)을 포함한 18가지 정도가 있다.

Q 개의 경우 한 배에서 태어난 새끼들의 아빠가 다를 수도 있나?

A 개의 생식세포는 정자 및 난자의 생존 기간이 다른

동물보다 길다는 특징이 있다. 이런 이유로 배란 이후에 다른 수컷과 2~3회 교배를 하게 되면 한 배에서 아빠가 각각 다른 강아지들이 태어날 수 있다. 아빠가 누구인지 알고 싶다면 사람처럼 유전자 검사(친자 검사)를 하면 된다.